문화
혼종성

뒤섞이고 유동하는 문화를 이해하기 위한 가이드

CULTURAL HYBRIDITY
BY PETER BURKE

COPYRIGHT © PETER BURKE 2009

THIS KOREAN EDITION PUBLISHED
BY E-UM PUBLISHING HOUSE IN 2012
BY ARRANGEMENT WITH POLITY
PRESS, LTD., CAMBRIDGE

문화
혼종성

피터 버크 지음 강상우 옮김 / 이택광 해제

CULTURAL
HYBRIDITY

뒤섞이고 유동하는 문화를 이해하기 위한 가이드

이음

마르코와 라라,
다문화 아이들에게

일러두기

- 원서의 주는 숫자($^{1, 2, 3}$)으로 표시하여 미주로 처리했고, 옮긴이 주는 별표($^{*, **, ***}$)로 표시하여 각주로 처리했다.
- 옮긴이가 이해를 돕기 위해 덧붙인 말은 대괄호([ ])에 넣어 표기했다.
- 책 제목, 정기간행물에는 겹낫표(『 』)를 논문, 영상물, 노래 제목에는 홑낫표(「 」)를 사용했다.

"모든 문화는 뒤죽박죽의 결과이다."
—클로드 레비-스트로스

"모든 문화의 역사는 문화적 차용의 역사이다."
—에드워드 사이드

"오늘날, 모든 문화는 경계 문화이다."
—네스토르 칸클리니

차례

영문판 서문 10

서문 12

1 **각양각색의 사물** 27
혼종적 인공물 29 / 혼종적 텍스트 34 /
혼종적 실천 39 / 혼종적 인간 52

2 **각양각색의 용어** 57
모방과 전유 61 / 포용과 협상 70 /
혼합, 혼합주의, 혼종성 74 / 논쟁적인 개념들 86 /
문화 번역 88 / 크레올화 95

3 **각양각색의 상황** 101
평등과 불평등 104 / 전유의 전통 109 /
메트로폴리스와 경계 지역 111 / 문화로서의 계급 117

4 **각양각색의 반응** 119
외래 문화의 유행 121 / 저항 125 / 문화적 정화 132 /
문화적 분리 135 / 적응 139 / 순환성 143 /
번역가 148

5 **각양각색의 결과** 153

문화적 균질화 157 / 반-전지구화 163 /

문화적 양층언어 167 / 세계의 크레올화 169

해제 문화 혼종성과 현실의 곤경 (이택광) 173

미주 201

찾아보기 226

영문판 서문

광범위한 주제를 다루고 있는 이 짧은 에세이는 복잡한 국제적인 역사를 지니고 있다. 1999년 아인슈타인 포럼은 베를린에서 동시대적 중요성을 띤 한 가지 주제를 정해 강연을 해줄 것을 부탁했고, 나는 '문화 교류(cultural exchange)'라는 주제를 선택했다. 이듬해 프랑크푸르트의 주어캄프 출판사는 강연의 내용을 독일어로 번역하여 『문화 교류(Kultureller Austausch)』라는 제목의 단행본으로 출판했다. 2년 뒤 브라질 상 레오폴두의 우니시누스 출판사는 자신들의 총서 중 한 권으로 짧은 분량의 책을 쓸 것을 권했고, 나는 30쪽 분량의 베를린 강의를 수정하고 브라질의 사례들을 추가하여 100여 쪽 분량의 책으로 확장했다. 『문화 혼종성(Hibridismo cultural)』이라는 제목의 브라질판은 2003년도에 출판되었다.

이후 아칼 출판사가 스페인어 번역을 제안했고, 나는 이를 기회로 삼아 에세이를 좀 더 확장하고 참고문헌을 새로 정리했다. 그리고 나서 이탈리아 베로나의 퀴에디트 출판사가 관심을 보였다. 나는 이제 영문판이 나오기에 적절한 시기라고 판단했고, 다시 한 번 책을 확장했다. 책은 이제 130쪽 가량의 분량이 되었다.

애초에 하나의 강의로 출발했던 내용을 수정·확장하고 독일, 브라질, 스페인, 이탈리아, 영어권 독자와 소통하면서 그들의 각기 다른 경험에 적합한 사례를 찾는 과정에서 나는 많은 것을 배웠다. 이 에세이에서 자연스럽게 논의되는 주제이기도 한 문화적 전지구화(cultural globalization)는 작가인 나 자신에게도 영향을 미쳤다고 (혹은 일종의 복수를 했다고) 할 수 있다.

서문

영국의 역사학자 페리 앤더슨(Perry Anderson)은 포스트모더니티에 관한 최근의 논의에서 "넘나드는 것, 혼종적인 것, 혼성적인 것"을 칭송하는 우리 시대의 경향을 묘사한다.[1] 보다 정확하게는, 이러한 현상을 두려워하거나 비난하는 이들이 있는가 하면, 인도 출신의 영국 작가 살만 루슈디(특히, 『악마의 시』[1988])처럼 이를 칭송하는 사람들 역시 존재한다. 덧붙여야 할 것은, 이슬람교 원리주의자와 백인 분리주의자, 흑인 분리주의자 등 서로 다른 정치적 입장을 가진 집단들이 혼종성(hybridity)에 대해서 비판을 한다는 점이다. "미친 듯이 유연하다"고 묘사되어온 '혼종성' 개념을 채택할 때 제기되는 개념적인 문제들은 이후 2장에서 논의될 것이다.[2]

우리 시대의 지적 풍토를 나타내는 징후 중 하나로, 많은 종류의 논쟁에서 반대편을 비판하기 위해 '본질주의(essentialism)' 개념을 점점 더 빈번하게 사용하는 것을 꼽을 수 있다. 민족, 사회계급, 부족, [인도의 신분제도] 카스트는 그것이 허구적 실체를 묘사한다는 의미에서 모두 '해체'됐다. 프랑스 인류학자 장-루 앙셀(Jean-Loup Amselle)의 책 『메스티소 논리(*Logiques métisses*)』(1990)는 이러한 경향을 대단히 세련된 방식으로 보여준다. 서아프리카 전문가인 앙셀은 풀라니족이나 밤바라족과 같은 부족은 없다고 주장한다. 집단 간에는 선명하거나 확고한 문화적 경계가 없으며, 오직 문화적 연속체만이 존재할 뿐이다.³ 언어학자들은 네덜란드어와 독일어와 같은 이웃 언어에 대해서도 비슷한 주장을 오랫동안 펼쳐왔다. 경계 지역에서는 딱히 언제 혹은 어디서 네덜란드어가 끝나고 독일어가 시작한다고 말하기가 불가능하다.

갈수록 더 빈번해지고 강렬해지는 가지각색의 문화적 만남들로 특징지을 수 있는 우리 시대에, 이러한 주제에 대한 몰두는 자연스럽다. 문화적 전지구화의 결과는 논란의 여지가 있으며 여전히 논쟁 중이다. 뒤에서 논의할 가능한 한 가지 시나리오는 문화적 균질화(cultural homogenization)이지만, 어떤 학자들은 이와 반대로 이질화(heterogenization)의 시나리오를 제안하기도 한다. 이러한 주장이 (특히 장기적인 결과를 분석할 경우에) 갖는 장점이 무엇이든지 간에, 단기적으로 보았을 때는 우리가 보고 듣고 경험하는 것들이 어떤 종류의 혼합체, 즉 경제적 전지구화에 의해 촉진되는 동시에 그 전지구화를 촉진하는 혼종화의 과정이라는 사실을 부인하기 어렵다.[4]

우리가 어떤 반응을 보이는가에 상관없이 이러한 전지구적 경향은 피할 수 없다. 이는 (최근 영국에서 가장 인기 있는 음식으로 꼽힌) 서양식 감자튀김에 인도식 커리 소스를 얹은 커리 앤 칩스부터 태국식 사우나, 동양의 선(禪)적 요소가 들어간 선-가톨릭 혹은 선-유대교, 나이지리아 쿵후, 인도 뭄바이(봄베이)에서 인도 전통의 노래와 춤을 할리우드적 관습과 혼합하여 제작된 '발리우드' 영화까지 아우른다. 이러한 과정은 음악에서 특히 두드러지는데, 재즈, 레게, 살사부터 최근의 플라멩코 록, 아프로-켈틱 록에 이르는 혼종 형식 및 장르가 그 예이다. 이름 자체가 이러한 과정을 함축하고 있는 '믹서(mixer)'를 비롯한 새로운 기술은 명백하게 이러한 종류의 혼종화를 촉진시킨다.[5]

따라서 혼종성 이론가들이 흔히 자신의 이중 문화적 혹은 혼합 문화적 정체성을 드러내왔다는 사실은 놀랍지 않다. 예를 들어 호미 바바(Homi Bhabha, 1949~)는 영국에서 학생들을 가르쳤고 지금은 미국에 거주하고 있는 인도인이다. 스튜어트 홀(Stuart Hall, 1932~)은 자메이카에서 태어난 혼혈인으로 대부분의 삶을 영국에서 보냈으며, 자기 자신을 "절대적으로 혼종 문화적인, 문화적 잡종"[6]이라고 묘사한다. 폴 길로이(Paul Gilroy, 1956~) 역시 혼혈인으로 런던에서 태어나 미국에서 활동해왔다. 이엔 앙(Ien Ang, 1954~)은 자신을 "인도네시아에서 태어나고 유럽에서 교육받았으며 호주에서 거주하고 활동하는 중국계"[7]라고 묘사한다. 반면에 이집트에서 태어나고 미국에서 학생들을 가르쳤던 팔레스타인인 에드워드 사이드(Edward Said, 1935~2003)는 자신이 어디에 있든 간에 항상 "어디에도 속하지 못한" 사람이라고 묘사했다(그와 유사하게 인도 독립 후 초대 총리를 지낸 자와할랄 네루[Jawaharlal Nehru]는 자신이 "어디에도 속하지 못한 동양과 서양의 기묘한 혼합물"로 성장했다고 말한 적이 있다).[8]

아르헨티나에서 자랐으나 멕시코에서 활동하고 있는 사회학자 네스토르 가르시아 칸클리니(Néstor García Canclini, 1939~)와 노르웨이로 이주했던 아르헨티나인 인류학자 에두아르도 아르케티(Eduardo Archetti, 1943~2005)는 앞서 이야기한 인물들에 비해선 그다지 혼합체처럼 보이지 않을지도 모른다. 하지만 마찬가지로 상이한 문화들 속에서 겪은 개인적 삶의 경험, 혹은 상이한 문화들 사이에서 사는 것은 분명히 그들의 혼종성에 대한 문제의식의 바탕을 이룬다.[9]

라틴아메리카는 분명 많은 사람들에게 유난히 혼종적인 지역으로 보이는 듯하다. 그곳에서는 토착 인구와 유럽인 침입자, 그리고 유럽인이 아프리카에서 데려온 노예 간에 만남과 충돌, 이민족 간의 결혼과 그 밖의 교류가 벌어졌다. 교육부 장관을 역임했고 메스티소(mestizo)★가 멕시코 민족의 본질이라고 제시한 『우주적 인종(La raza cósmica)』(1929)을 쓴 멕시코인 호세 바스콘셀로스(José Vasconcelos, 1882~1959)나, 브라질인의 정체성을 (특히 유럽 문화와 아프리카 문화 사이의) 혼합의 맥락에서 정의한 『주인과 노예(Casa-grande e senzala)』(1933)를 쓴 브라질인 사회학자 겸 역사학자 질베르투 프레이리(Gilberto Freyre, 1900~1987) 역시 혼종성을 칭송했다.[10]

혼종성 개념을 사용하는 작가들은 라틴아메리카 문화를 혼종성으로 동일화하고 라틴아메리카의 각기 다른 지역들

★ 아메리카 인디언과 스페인계·포르투갈계 백인과의 혼혈 인종을 말한다.

서 문

간의 차이점을 불명확하게 만들었다는 점에서 비판받는다. 예를 들어 주로 스페인계와 이탈리아계로 구성된 우루과이는 토착민을 비롯하여 아프리카, 일본, 유럽 각지에서 온 이민자에 의해 문화적 혼합이 이루어진 이웃나라 브라질과 매우 다르다.[11]

앞서 언급한 이론가들의 작업은 인류학, 문학, 지리학, 미술사, 음악학, 종교학에 이르는 여러 학문 분야에서 점점 더 주목을 받고 있다. 비록 한 분야에서 일하는 학자들이 다른 분야의 작업에 대해서 항상 알고 있는 것은 아니지만 말이다. 이 책에 달린 주석에서 드러나듯, 역사학자들도 문화적 만남, 접촉, 상호작용, 교류, 혼종화의 과정에 점점 더 많은 관심을 갖기 시작했다.

하지만 당신이 지금 읽고 있는 이 책은 단지 문화사 연구에 그치지 않으며, 주제만큼이나 혼종적이고, 과거만큼이나 현재와, 실천만큼이나 이론과, 특정한 사건만큼이나 일반적인 과정과도 관련된다. 물론 혼종화 과정은 경제적, 사회적, 정치적 영역에서 발견될 수 있겠지만, 이 책에서는 문화적 경향에만 한정했다. 여기서 '문화'라는 개념은 태도, 사고방식, 가치와 이런 것들의 표현, 혹은 인공물, 실천, 재현을 보여주는 전형이나 상징화를 포함하는 매우 폭넓은 범위로 정의된다.

    이러한 종류의 개인적이며 격식을 차리지 않는 글에서는 시작부터 자기 자신의 위치를 명시하는 편이 좋다. 따라서 나에 대해 소개하자면, (스페인에서 브라질에 이르는) 라틴 문화에 항상 관심이 있던 북유럽인이며, 유럽인이 '중동' 혹은 '극동'이라 부르곤 하는 지역에 매혹된 서양인이다. 그리고 내가 겪은 문화적 상호작용의 경험은 (그것이 개인 간이든, 학문 간이든, 문화 간이든) 매우 긍정적이었다. 나는 어떤 경우에서건 모든 혁신은 일종의 적응(adaptation)이며, 문화적 만남이 창의성을 촉진한다는 주장이 매우 설득력 있다고 생각한다.

    그럼에도 나는 문화적 만남이나 문화 혼종성을 칭송하기 위해서가 아니라, 그것을 분석하기 위해 이 책을 썼다. 나는 뒤에 이어질 분석에서 가능한 한 초연하고자 노력할 것이다. 객관적이라는 말 대신 '초연'이라는 말을 쓴 이유는, 어느 누구라도 역사와 사회에서의 자기 자신의 위치로부터 벗어날 수 없기 때문이다. 나는 일시적으로나마 자기 자신의 상황으로부터 물러서서, 다른 환경에서 더 길고 넓은 시야를 취하려는 노력이 갖는 가치를 굳게 믿는다. 이는 오늘날의 우리 대부분과 관련 있는 이 논의에 학문적으로 (특히 문화사학자에게 적절한 방식으로) 기여할 수 있는 태도다.

특히 이 책에서 나는 문화적 교류가 때때로 다른 이들의 희생(때론 문자 그대로의 의미에서의 희생)과 함께 이루어진다는 사실을 잊은 채, 그것을 단순한 비옥화(enrichment)로만 묘사할 의도는 없다. 예를 들어 서구인은 음악의 영역, 특히 대중음악의 영역에서 중앙아프리카의 피그미족과 같은 다른 문화로부터 음악을 차용한 뒤에, 결과물의 저작권은 자신이 갖고 본토 음악가들과 저작료를 공유하지 않는다. 다시 말해, 그들은 제3세계 음악을 유럽이나 북미에서 '가공' 되는 일종의 원자재처럼 취급해왔다.[12] 이와 유사한 방식으로 지난 500여 년간 서구 학자들은 자주 세계 다른 지역들의 식물이나 치료법 등에 대한 토착적 지식들을 이용해왔지만, 그 원천에 대해 항상 인정하지는 않았다.[13]

또한 혼종성 개념은 "명백히 분리되어 있고 대립적인 것들의 조화로운 이미지"를 제공하여 문화적, 사회적 차별을 무시한다는 비판을 받는다.[14] 인간 집단 간의 지속된 만남이 많은 갈등을 수반한다는 것은 명백한 일이다. 그러나 이러한 사회적 충돌과 그 충돌의 의도치 않은 장기적인 결과(다시 말해 문화들의 혼합체나, 상호침투, 혼종화)를 구분하는 것은 유용한 일일 것이다. 예를 들어 아프리카 음악은 아프리카인에 비해서는 큰 어려움 없이 세계를 돌아다니고 있다.

문화 혼종성

혼종화, 특히 우리 시대의 특징이라 할 수 있는 비정상적으로 급격히 이루어지는 혼종화의 대가에는 종교적 전통과 지역적 기원의 상실 또한 포함된다. 지금의 문화적 전지구화의 시대는 때때로 피상적으로 '미국화'의 시대라고 여겨지기도 하지만, 동시에 반동적 민족주의 혹은 인종성(세르비아와 크로아티아, 르완다의 투치족과 후투족, 아랍권과 이스라엘, 바스크인과 카탈로니아인 등등)★의 시대이기도 하다. 잘 알려져 있다시피 프레이리는 지역주의와 그가 문화의 '상호침투'라 부르는 현상을 동시에 칭송했지만, 일반적으로 이 둘 사이에는 긴장관계가 존재한다.

프레이리는 1933년 브라질 북동부의 설탕 플랜테이션(plantation)★★의 주인과 노예에 대한 연구 『주인과 노예』를 통해 문화적 혼종성에 주의를 기울인 최초의 학자 중 한 사람이다.[15] 같은 1930년대에 이루어진 그와 유사한 방식의 연구로는 북미 인류학자 멜빌 허스코비츠(Melville Herskovits, 1895~1963)의 작업이 있다. 아이티에서 연구를 한 경

★ 모두 20세기 이후 격렬한 민족 간 분쟁이 벌어졌던 지역이다.
★★ 백인들이 열대나 아열대 지방에 대규모 농장을 세우고, 원주민의 값싼 노동력을 이용하여 열대 농작물을 단일 경작하는 농업을 말한다. 재식농업(栽植農業)이라고도 한다.

험이 있던 그는 자신이 신대륙에서의 아프리카 신들과 가톨릭 성인들의 혼합이라 부르는 현상에 대해 논했다.[16] 그리고 얼마 뒤, 사회학자 페르난도 오르티스(Fernando Ortiz, 1881~1969)와 소설가 겸 음악학자 알레호 카르펜티에르(Alejo Carpentier y Valmont, 1904~1980)가 쿠바에 대해서 비슷한 논지를 폈다.[17]

유럽의 경우에는 1930년대와 1940년대의 두 연구가 이 영역에서 두드러졌다. 영국인 문화사학자 크리스토퍼 도슨(Christopher Dawson, 1889~1970)이 쓴 『유럽의 형성(The Making of Europe)』(1932)은 서기 500년부터 1000년 사이를 다루며, 고전 전통, 기독교 전통, '야만인' 전통이라는 세 종류의 전통의 기여를 강조한다. 비록 도슨이 '혼종성'이라는 용어를 사용하지는 않았지만, 그의 저서는 오늘날 문화적 접촉, 상호작용, 혼종화에 대한 연구로 받아들여진다. 또한 아메리코 카스트로(Américo Castro y Quesada, 1885~1972)는 기독교, 유대교, 이슬람교라는 세 문화 간의 만남과 상호작용이 스페인 역사에서 특별히 중요한 지위를 갖는다는 논쟁적인 해석을 내놓았다. 스페인에서는 최근에서야 이러한 견해가 널리 받아들여졌다.[18]

1950년대에 들어 영국의 역사학자 아널드 토인비(Arnold

Toynbee, 1889~1975)는 그가 과거에 문화 간 '만남'이라 칭했던 현상, 디아스포라의 중요성, 그리고 문화적 '수용'에 대한 성찰을 진행했다.[19] 그는 여러 권으로 구성된 『역사의 연구』(1934~1961) 중에서 두 권을 자신이 공간과 시간에서의 "문명 간 접촉", "충돌하는 문화", 혹은 "문화의 빛"의 "회절"이라 불렀던 현상들에 할애했다.[20] 같은 세대의 대다수 영국인과는 달리, 토인비는 일종의 종교 혼합주의(religious syncretism)에 관심을 가졌다. 심지어 그는 1951년 런던의 내셔널 갤러리에서 부처와 마호메트, 그리고 "구세주 탐무즈(Christ Tammuz), 구세주 아도니스(Christ Adonis), 구세주 오시리스(Christ Osiris)"에게 기도를 했던, 자신의 종교적인 경험을 기록하기도 했다.[21]

'순수주의자'라고 묘사할 수 있는 어떤 이들은 프레이리, 카스트로, 토인비의 책들이 출판되었을 때 이들의 주장에 커다란 충격을 받았다. 반면에 오늘날에는 우리 대부분이 역사 속 어디에서건 혼종화를 발견할 준비를 갖추고 있다. 문화적 전지구화 시대(비록 이러한 조류의 위력이 때때로 과장되긴 하지만)에, 역사학자들은 과거에 있던 우리 시대와 유사한 현상들에 점점 더 민감해지고 있다.

예를 들어 아르날도 모밀리아노(Arnaldo Momigliano,

1908~1987) 같이 고대를 다루는 역사학자들은 '그리스화(헬레니즘화, Hellenization)' 과정에 점점 더 많은 관심을 보이고 있다. 그들은 그 과정을 단순히 로마제국에 그리스 문화가 도입된 현상으로 보지 않고, 중심과 경계 사이의 상호작용이라는 맥락에서 바라본다.[22] 벨기에인 프란츠 퀴몽(Franz Cumont, 1868~1947)이 내놓은 '혼합주의(syncretism)'라는 발상은 한때 후세의 학자들이 거리를 뒀지만, 최근 들어 다시 인기를 끌고 있다.[23] 또한 르네상스를 다루는 역사학자들은 그 운동을 자연스럽게 발생한 이탈리아나 서유럽의 '기적'으로 취급하는 대신, 르네상스 운동에 비잔틴, 유대, 이슬람 문화가 기여한 부분에 대해 예전보다 많은 관심을 갖게 되었다.[24]

교회일치적(ecumenical)★ 기독교가 점점 증가하고 있는 오늘날에는, 종교개혁을 연구하는 학자들이 더 이상 가톨릭교도와 프로테스탄트교도 사이의 문화적 교류의 중요성을 인정하는 것을 두려워하지 않는다. 예를 들어 스페인의 루이스 데 그라나다(Luis de Granada), 이탈리아인 로렌조 스

★ 교파나 교단의 차이를 초월하여 모든 기독교 신자의 일치 결속을 도모하는 움직임을 말한다.

쿠폴리(Lorenzo Scupoli), 프랑스인 성 프랑수와 드 살레(Saint François de Sales) 같은 반(反)종교개혁 가톨릭교도들의 신앙적인 작품들이 영어로 번역되었을 때, 시인 조지 허버트(George Herbert)나 앤드루 마벌(Andrew Marvell) 같은 프로테스탄트교도들도 그들의 저작을 호의적으로 대했다. 또한 감리교를 창시한 존 웨슬리(John Wesley)는 직접 [가톨릭 사상가이기도 한] 파스칼(Blaise Pascal)과 페넬롱(François Fénelon)의 저작들을 추천하기도 했다.[25]

또한 아시아, 아프리카, 그리고 아메리카 대륙에서의 유럽인 선교 활동을 연구하는 역사학자들은 '개종자들'이 자신의 전통 종교를 버리고 기독교를 선택했다기보다는, 그 둘 간의 혼합 종교를 만들어냈다고 주장한다.[26] '인디언들의 이단'라고 불리는, 1580년대 브라질 북동부 바이아 주에서 벌어졌던 '자구아리피의 성스러움(the Santidade de Jaguaripe)' 운동*의 경우처럼, 때때로 그러한 혼합체는 선교사

★   브라질의 포르투갈 점령지에서 벌어졌던 종교 운동으로 자구아리피는 이 운동의 중심지였다. 많은 원주민과 아프리카인, 마멜루코(백인 남성과 원주민 여성 사이에서 태어난 혼혈인)가 참여했으며, 기독교 천년왕국 운동의 성격과 식민지 노예들의 저항 운동의 성격을 동시에 갖고 있었다. 포르투갈 지배계층의 탄압을 받아 괴멸되었다.

서 문

들에게 명백하게 알려지기도 했다.[27] 다른 지역에서의 종교적 혼합은 거의 눈에 띄지 않게 이루어진 듯하다. 예를 들어 초기 근대 일본의 기독교 수용에 관한 한 연구는 '개종자들'이 기독교의 상징들을 토착적 상징 체계에 통합했고, 때때로 '크리스천(기독교인, Christian)'의 일본어 발음인 '키리시탄(キリシタン)'이라고 불리기도 하는 혼종 종교를 만들어냈다고 주장한다.[28]

이 책에서 다루고 있는 주제는 매우 광대한 반면에, 글의 분량은 매우 적은 편이다. 나는 이 책을 통해 거대하고 다채로우며 논쟁적인 분야에 대한 조감도를 제공하고, 역사적인 관점에서 문화의 전지구화에 대한 현재의 논의를 살펴보고자 한다.

페르난도 오르티스는 쿠바 문화를 수프의 한 종류인 아히아꼬(ajiaco)★★라고 묘사한 바 있다.[29] 혼종 문화에 관한 책은 그 재료들의 다양성에도 불구하고, 액체화되고 균질화되는 과정을 다루는 방향으로 나가기 쉽다. 그러나 그러한 과정을 반복하기보다는 혼합체를 분석하는 것이 보다 이해

★★ 쿠바와 콜롬비아에서 먹는 수프. 감자를 주 재료로, 닭, 옥수수, 구아스까 잎에서 얻은 향료 등을 넣어 만든다.

에 도움이 될 것이다. 따라서 이어지는 내용에서는 차이들이 흐릿해지는 과정에 집중하기보다는, 그 차이들을 보다 더 명확하게 드러내고자 한다.

이런 이유로 나는 앞으로 다룰 내용을 각양각색의 특징에 중점을 두어 함께 묶은 다섯 개의 장으로 나누어 보고자 한다. 1장은 혼종화되는 각양각색의 사물을, 2장은 문화적 상호작용을 논하기 위해 발명된 각양각색의 용어와 이론을, 3장은 만남이 이루어지는 각양각색의 상황을, 4장은 낯선 문화적 산물들을 대했을 때 나올 수 있는 각양각색의 반응을, 그리고 마지막 5장은 장기간의 혼종화에 따라 벌어질 수 있는 각양각색의 결과를 논할 것이다.

1
각양각색의 사물

◆

문화 혼종성의 사례는 이제 어디에서나 찾아볼 수 있다. 그것은 단지 전세계에 퍼져 있을 뿐만이 아니라, 혼합 종교와 절충적인 철학, 혼합 언어, 혼합 요리, 그리고 건축, 문학, 음악에서의 혼종적 양식을 포괄하는 대부분의 문화적 영역 곳곳에서 볼 수 있다. '혼종성'이라는 개념이 이 모든 경우에 엄밀하게 동일한 의미를 갖는다고 여기는 것은 현명하지 않다. 이 개념을 제대로 파악하기 위해서는 우선 세 종류의 혼종성, 다시 말해 각각 인공물, 실천, 인간과 관련된 세 가지 혼종화 과정을 구별해서 논의할 필요가 있다. '문화 번역(cultural translation)' 같은 대안적 개념화에 대한 논의는 2장에서 다룬다.

혼종적 인공물

건축은 수많은 혼종적 인공물의 사례를 제공한다. 한 예로 14세기부터 17세기까지 우크라이나 서부에 위치한 도시 리비우(L'viv, 독일어로는 렘베르크, 폴란드어로는 르부프, 러시아어로는 리보프라고 불린다)는 서로 다른 문화가 교류하던 다문화 도시였다. 아르메니아인들은 14세기에 그들의 대성당 건축을 이탈리아인 건축가에게 위탁했고, 이는 아르메니아 정교도들이 17세기 초에 새 교회를 지을 때도 마찬가지였다. 독일, 이탈리아, 아르메니아 출신의 숙련된 장인들은 서로 다른 전통적 요소들을 결합함으로써 그 지역의 건축 양식을 창조하는 데 기여했다.[1]

건축적 혼종성의 몇몇 사례는 여전히 우리를 깜짝 놀라게 하는 힘이 있다. 스페인에 있는 성당이나 유대교 회당은 15, 16세기식 기하학적 문양이나 모스크[이슬람교 사원]를 연상시키는 아랍어 글씨로 장식되어 있다(톨레도의 산 로만 성당이 한 예이다). 이런 건물의 건립에 참여한 장인들 대다수는 공개적으로건 비공개적으로건 이슬람교도였음이 분명하다.² 반대로 15세기 인도에서는 힌두교 장인들이 그들의 사원을 건립하면서 터득한 장식 기법을 응용하여 이슬람교 사원을 건립하기도 했다.³

또한 인도의 고아에서 페루의 쿠스코까지 퍼져 있던 예수회 선교사들은 지역 장인들을 고용하여 교회와 대학 건물을 지었다. 이러한 후원자와 장인 사이의 교류의 결과, 이탈리아 르네상스식 혹은 바로크식 건축물과 힌두교나 이슬람교 지역 혹은 잉카 지역 등지의 지역적 전통에서 온 세부적인 장식 양식의 다양한 조합이 이루어졌다. 페루에서는 쿠스코의 산토 도밍고 성당 같은 성당들이 잉카 사원이 있던 자리에 지어졌으며, 심지어는 기존 사원 건축에 쓰였던 석재를 사용하기도 했다.⁴

건축물보다는 규모가 작은 사례로, 가구 역시 유사한 전유(appropriation)와 적응의 과정을 보여준다. 질베르투 프레이리에 따르면 영국식 가구의 직선과 직각 형태는 19세기 초 브라질 디자인에 대한 모방이 이루어지면서 점차 부드러워졌다. 아프리카계 미국인 장인들에 의해 제작된 북미식 가구와 도기류도 이와 유사한 방식으로 영국식 디자인을 변화시켰다. 이는 그들의 손과 눈에 체화된 지식이 유럽적이거나 미국적이라기보다는 아프리카적이었다는 점을 시사한다(피에르 부르디외는 이에 대해 직공들의 '아비투스[habitus]'라는 개념을 제안한다).⁵ 보다 더 의식적인 혼종화의 사례로는 18세기 영국에서 중국의 영향을 받아 제작됐던 가구 양식인, 이른바 '중국식 치펀데일(Chinese Chippendale)' 양식을 들 수 있다.

이미지 또한 혼종적일 수 있다. 이는 프랑스인 역사학자 세르주 그뤼진스키(Serge Gruzinski)가 멕시코에 선교사들이 도착한 이후 처음 수십 년 동안 그곳에서 제작된 기독교 예술을 다룬 뛰어난 연구에서 잘 드러난다. 당시 대부분의 이미지는 (벨기에 플랑드르 출신의 평수사였던 페드로 데 간테[Pedro de Gante] 같은) 유럽인 교사의 가르침을 받았거나 유럽식 회화와 조각의 양식을 따르는 지역 직공들에 의해 제작되었다. 지역 예술가들은 의식적이건 무의식적이건 간에 그들이 모방한 것을 자신의 전통에 동화시켜 변형했으며, 때때로 '인디언-기독교(Indo-Christian)' 예술이라고 칭해지는 사조를 만들어냈다.⁶

'힌두-사라센'이나 '이스파노-모레스크', '아프로-포르투갈'*과 같이 줄표로 연결된 몇몇 용어는, 미술사가들이

★   '힌두-사라센(Hindu-Saracenic)'은 영국령 인도에서의 혼종적 건축 양식을, '이스파노-모레스크(Hispano-Mauresque)'는 스페인적 요소와 북

다른 누구보다도 오랫동안 혼종화 과정에 대해 인식하고 있었다는 점을 알려준다.[7]

16세기 후반 중국에 서구의 이미지(특히 판화)가 마테오 리치(Matteo Ricci, 1552~1610) 같은 가톨릭 선교사와 함께 들어오면서, 중국의 산수화 전통이 변화하기 시작했다. 중국인 예술가들이 서구적 양식을 그대로 받아들이지는 않았다 (예를 들어 그들은 원근법을 거부했다). 그러나 풍경을 재현하는 자신들의 관습과는 다른 대안이 있다는 인식은 그 관습으로부터 그들을 해방시켰으며 독자적인 혁신을 꾀할 수 있도록 도왔다.[8]

혼종적 이미지에 대한 논의로부터 보다 폭넓은 관련성을 가진 두 가지의 논점이 분명하게 드러난다. 첫째는 지각을 구조화하고 세계를 해석하는 과정에서 고정관념이나 도식이 필요하다는 점이다. 이는 리처드 그레고리(Richard Gregory, 1923~2010) 같은 심리학자들뿐만이 아니라 아비 바르부르크(Aby Warburg, 1866~1929)나 에른스트 곰브리치(Ernst

---

아프리카 무어인의 특징이 결합된 예술 양식을, 그리고 '아프로-포르투갈(Afro-Portuguese)'은 포르투갈의 아프리카 식민지에서 생겨난 예술 양식을 말한다.

Gombrich, 1909~2001) 같은 미술사가들도 모두 강조하는 점이다. 눈은 뇌에 의존한다. 그러나 비록 전부는 아닐지라도 대부분의 이러한 도식은 특정한 문화적 레퍼토리로부터 기원한다. 눈과 뇌, 그리고 문화는 함께 작동한다.[9]

둘째는 서로 다른 전통으로부터 온 이미지들 간에 존재하는 '관련성(affinity)' 혹은 '수렴(convergence)'이라고 부를 만한 무언가가 상호작용 과정에 영향을 미친다는 것이다. 예를 들어 성모 마리아는 중국의 관음보살이나 멕시코의 토난친(Tonantzin) 같은 여신과 손쉽게 동화될 수 있는데, 이는 그들 모두가 보살피는 어머니의 역할을 하기 때문이다.[10]

언어학자들은 때때로 두 언어의 사용자들이 서로의 언어를 차용하면서 점점 더 유사해지는 '수렴'에 대해 이야기하곤 한다. 이 점은 16세기 스위스 장창병(長槍兵)을 일컫는 독일어 단어가 시골 출신의 청년을 뜻하는 란츠크네흐트(landsknecht)와 창이나 긴 창을 가진 남성을 뜻하는 랑스크네(lansquenet) 사이를 오가거나 혼용되어 사용된 경우와 같이, 초기의 유사성이 [언어의] 재생산이 진행되면서 증폭되는 사례에도 확대해서 적용될 수 있다.

혼종적 텍스트

또 다른 종류의 중요한 인공물로는 텍스트가 있다. 번역물은 혼종적 텍스트 중 가장 알기 쉬운 사례인데, 이는 소위 '등가 효과(equivalent effect)'를 향한 추구가 새로운 독자들에게는 익숙하지만 원서가 쓰인 문화권에서는 이해하기 힘든 단어와 개념들의 도입을 수반하기 때문이다. 외국어 작품의 자국화는 표절과 모방 사이를 맴돈다. 널리 알려진 르네상스 시기의 사례로 니콜라 파레(Nicolas Faret)의 『교양인(L'honnête homme)』(1636)이 있는데, 이 책은 발다사레 카스틸리오네(Baldassare Castiglione)의 『궁정론(Il Libro del Cortegiano)』(1528)의 표절 혹은 의역이라고 볼 수 있다.[11]

문학 장르 또한 혼종적일 수 있다. 일본 소설, 아랍 소설, 아프리카 소설, 그리고 어쩌면 라틴아메리카 소설까지도 단순한 서구 소설의 모방이 아닌 혼종 문학, 즉 '서사적 문화 횡단(narrative transculturation)'의 사례로 여겨져야 한다(또한 비평가들도 실제로 그렇게 평가한다). 우루과이인 비평가 앙헬 라마(Ángel Rama, 1926~1983)에 따르면 서사적 문화 횡단이란 외국의 기법을 지역 문화, 그 중에서도 특히 대중문화와 접합시킨 경우를 일컫는다.[12] 이 소설들이 서구의 모델과 차별화되는 지점은 개인의 창의성뿐만 아니라 그 작품이 쓰인 문화와 유럽의 문화적 전통 사이의 차이로부터도 연유한다.

예를 들어 브라질인 소설가 조아킹 마샤두 지 아시스(Joaquim Machado de Assis, 1839~1908)와 조제 링스 두 헤구(José Lins do Rego, 1901~1957)가 각각 로렌스 스턴(Laurence Sterne, 1713~1968)과 토머스 하디(Thomas Hardy, 1840~1928) 같은 영국 소설가의 작업에 상당 부분 빚지고 있다는 점에는 의문의 여지가 없다. 링스는 하디를 읽고 영감을 받아 지역 소설(regional novel)을 썼다. 하지만 링스 소설의 배경인 브라질 북동부의 설탕 플랜테이션과 하디가 묘사한 영국 남서부의 황야나 숲의 차이만큼이나, 그의 소설과 영감의 원천이 되었던 하디의 소설은 다르다. 윌리엄 포크너(William Faulkner, 1897~1962)가 그려냈던 상상의 공간인 미국 남부 지방의 요크나파토파 카운티와 가브리엘 가르시아 마르케스(Gabriel García Márquez, 1927~)의 작품에 그려진 가상의 도시 마콘도 간의 관계에도 이와 비슷한 주장이 제기될 수 있다. 가르시아 마르케스는 포크너에 대한 존경심을 표했지만, 그 자신만의 세계를 창조했다. 영국의 예수회 신부이자 시인인 제라드 맨리 홉킨스(Gerard Manley Hopkins, 1844~1989)는 이렇게 썼다. "걸작들에 대한 공부는 내게 그 작품들을 숭배하게 하는 동시에 그것과는 다른 작품을 쓰도록 했다."

이집트인 작가 나기브 마푸즈(Naguib Mahfouz, 1911~2006)는 또 다른 문화 번역의 사례를 제공한다. 그는 수많은 서구 소설을 읽었으며, 특히 레프 톨스토이, 표도르 도스토옙스키, 허먼 멜빌, 조셉 콘래드, D.H. 로렌스, 토마스 만, 존 골즈워디에 관심이 있다고 고백했다.[13] 그의 유명한 『카이로 삼부작(Cairo Trilogy)』(1956~1957)은 1917년부터 1944년까지 3대에 걸친 한 가족의 흥망성쇠를 다루고 있다. 이러한 관점에서 그의 삼부작은 토마스 만의 『부덴브로크 가의 사람들』과 골즈워디의 『포사이트 가의 이야기』를 떠올리게 하지만, 링스와 가르시아 마르케스의 작품과 마찬가지로 그의 작품은 지역적인 토양에 뿌리를 두고 있다.

인도와 아프리카 등지의 비서구 지역 소설가 중 일부는 영어로 글을 쓸 정도로 서구 지향적이다. 그럼에도 그들의 영어는 모국어와 상호작용하며, 또 다른 혼종성의 은유라 할 수 있는 이른바 문학적 '팰림프세스트(palimpsest)'*를 생산한다. 일부 아프리카인이 프랑스어나 포르투갈어로 글을 쓰는 것도 이와 유사한 경우다. 예를 들어 많은 아프리카 '소설'은 매우 독특하다. 나이지리아인 아모스 투투올라(Amos Tutuola, 1920~1997)가 쓴 『야자열매술꾼』(1952)은 글로 쓰인 이야기와 구술로 전해지는 민담 사이를 떠돈다. 이 소설은 영어에 작가의 모국어인 요루바어가 혼합된 소위 '중간언어(interlanguage)'로 쓰였다. 투투올라는 민담을 영어로 번역했을 뿐만 아니라 영어를 반(半)-요루바어로 번역한 것이다.[14]

20세기의 가장 중요한 아프리카 소설가 중 한 명인 나이지리아인 치누아 아체베(Chinua Achebe, 1930~)는 자신의 언어가 "새로운 아프리카 환경에 적응하기 위해 변형된", 서아프리카 언어로부터 혹은 영국계 아프리카 피진어(pidgin)**로부터 단어, 구문, 속담을 취한 영어라 묘사한 바 있다. 아체베는 스스로를 [나이지리아 남동부에 살고 있는 부족인] 이그보족(Igbo)와 영국 사이의 '문화 교차로'에 위치시킨다.

★   원래 쓰여 있는 내용을 지우고 그 위에 다른 내용을 새로 쓴 양피지를 뜻한다. 여기서는 모국어와 영어가 상호작용하는 경우를 가리킨다.
★★   두 가지 언어가 뒤섞이면서 자연스럽게 형성된 혼성 언어를 뜻한다.

문 화 혼 종 성

아프리카 소설은 장르 간 교차로에 위치하기도 한다. 이는 전통 구술 민담과 유럽 소설뿐만 아니라, 이 둘 사이에 위치한, 1960년대에 나이지리아의 이그보어를 사용하는 지역에 있는 시장 도시 오니차(Onitsha)에서 생겨난 영어로 쓰인 대중 서적들까지 포함한다. 장터에서 팔렸기 때문에 오니차 시장 문학이라 불리는 이 책들은 영국의 전통적인 챕북이나 프랑스의 청색문고, 스페인의 코르델 문학*의 20세기 아프리카 버전이었다. 상당수의 아프리카 소설가가 오니차 지역 출신이라는 사실은 단순한 우연이 아니다.[15]

★   '챕북(chap-book)'은 18세기 영국에서 행상들이 들고 다니며 팔던 대중 문학을, 청색문고(Bibliothèque Bleue)는 17~18세기 프랑스의 도시 서민이나 농민들이 읽던 문학으로서 엘리트를 위한 작품을 민중적으로 번안한 책을, 코르델 문학(literatura de cordel)은 18~19세기 스페인의 시장이나 길거리에서 팔던 조악한 소책자를 말한다.

혼종적 실천

혼종적 실천은 종교와 음악, 언어, 스포츠, 축제, 그리고 다른 문화적 영역들에서 찾아볼 수 있다. 예를 들어 마하트마 간디는 "힌두교, 이슬람교, 불교, 기독교 사상이 혼합된 특유의 독자적인 종교"를 창조했다고 이야기된다.[16] 집단적인 수준에서는, 비교적 최근에 생겨난 종교들이 매우 명백한 혼종화의 사례를 제공한다.

브라질의 컬트종교(cult)★★인 움반다(Umbanda)를 예로 들어보자.[17] 브라질에서는 아이티, 쿠바 등의 다른 지역과 마찬가지로 수세기 동안 서아프리카 신과 가톨릭 성인 간의 상호작용이 존재했다. 이는 브라질의 칸돔블레(Candomblé)나 쿠바의 산테리아(Santería), 혹은 20세기 들어 프로테스탄트('영적 침례교[Spiritual Baptists]')나 힌두교와의 교류로 상황이 더욱 복잡해진 트리니다드 지역의 오리샤(Orisha) 숭배

★★ 기성 종교가 아닌 열광적인 추종자들을 지닌 소규모 종교 집단을 말한다.

같은 컬트종교에서 여전히 찾아볼 수 있다.

예를 들어 철과 전쟁의 신이자 대장장이의 수호신인 오군(Ogun)은 성 게오르기우스나 성 미카엘과 동일시되고, 천둥 번개의 신인 샹고(Shango)는 세례자 요한이나 성 바르바라와, 지모신(地母神) 혹은 바다의 여신인 이에만자(Iemanjá)는 성 안나나 성모 마리아와 동일시된다(종종 이에만자는 유럽에선 '바다의 별'이라는 뜻의 스텔라 마리스[Stella Maris]라고 알려져 있다).[18]

움반다는 칸돔블레와 가톨릭의 혼합에 심령주의라고 알려진 프랑스 컬트종교가 추가된 종교이다. 심령주의는 이폴리트 레옹 리바유(Hippolyte Léon Rivail, 1803~1869)에 의해 설립된, 죽은 이들의 영혼과의 접촉을 강조했던 컬트종교였다. 업(業)에 대한 리바유의 언급은 19세기 후반 서구에 퍼져 있던 동양의 지혜에 대한 관심의 전형적인 사례였지만, 영혼적 진화에 대한 그의 강조는 당대의 실증주의와 잘 들어맞았다. 리바유는 환생을 믿었다. 실제로 그는 자신의 전생이라고 믿었던 고대 켈트족의 드루이드교 성직자의 이름을 따와서 알랑 카르덱(Allan Kardec)이라는 가명을 사용했다.

'심령주의'나 '카르데시즘(Kardecism)'이라고 불리는 이 컬트종교는 브라질에서 즉각적인 성공을 거두었고, 지금까지도 강력한 영향력을 지니고 있다.[19] 움반다는 1920년대 중반 리우데자네이루에서 심령주의와 칸돔블레가 만나면서 발생했다. 이 사례에서 우리는 점진적이고 반(半)-의식적인 상호교류가 아닌 계획적인 혼합주의를 발견할 수 있다. 이 컬트종교는 죽음 전과 후의 개개인의 영혼의 정화에 대해 고민한다는 점에서 심령주의와 유사하지만, 칸돔블레처럼 가톨릭 성인들과 겹쳐지는 아프리카 신들을 모신다는 점에 차이가 있다.

또한 베트남 종교인 카오다이(Cao Dai)에도 다양한 문화 전통이 기여했다. 카오다이교는 1970년대 중반 공산주의 정권이 국가 전체에 걸쳐 건립되기 전까지 매우 성공적이던 종교였다. 1926년에 설립된 카오다이교는 교황과 추기경, 주교를 둔 가톨릭 교회 모델을 따라 조직되었다. 반면 교리는 불교에 도교와 유교적 도덕률을 혼합했다. 예배에는 무당과 강령술이 광범위하게 사용된다. 따라서 카오다이교를 알랑 카르덱식의 심령주의의 한 형태라고 할 수도 있다. 이 종교에서 숭배되는 영웅의 목록에는 예수, 마호메트, 잔다르크, 빅토르 위고가 포함된다. 라오스와 캄보디아처럼 베트남도 인도와 중국 문화의 교차로에 위치해 있고, 또한 1887년부터 1954년까지 프랑스령 인도차이나 연방의 일

부로서 프랑스 식민지였다는 사실을 생각해본다면, 이러한 혼합체가 놀라운 일은 아니다.[20]

종교 교파가 유일한 혼종적 조직의 형태인 것은 아니다. 몇몇 정부들 또한 비슷한 용어로 설명된다. 예를 들어 한 프랑스인 아프리카 전문가는 아프리카 대륙에 있는 국가의 정치 조직이 서구로부터 수입된 형식과 아프리카 전통이 혼합된 결과라는 점에서 '혼종적'이라고 묘사한다.[21] 이와 같은 주장은 일본에서부터 브라질까지 이르는, 국회 같은 서구의 정치 제도를 채택하고 수용한 세계 곳곳의 국가들에게도 적용될 수 있다.

음악은 매우 풍부한 혼종화의 사례를 제공한다. 지난 수백 년간 클래식 작곡가들에게 아시아는 중요한 영감의 원천이었다. 예를 들어 프랑스 작곡가 중 클로드 드뷔시(Claude Debussy, 1862~1918)는 인도네시아 자바의 가믈란(gamelan) 음악에 영감을 받았고, 알베르 루셀(Albert Roussel, 1869~1937)과 모리스 들라주(Maurice Delage, 1879~1961)는 인도를 방문한 뒤 그곳의 음악적 전통을 빌려 음악을 만들었다. 드뷔시의 경우, 자바가 그에게 미친 영향이 "그의 음악에 이미 잠재해 있던 기술들"을 심화시켰다는 주장도 있다.[22] 다시 말해서, 위에서 논의된 언어의 경우나 관음보살

같은 여신 이미지의 사례와 마찬가지로, 음악적 혼종화는 관련성이나 수렴 개념을 통해 분석해야만 할 것이다. 이국적인 것이 주는 매혹은 때때로 차이 그 자체보다는 유사성과 차이의 독특한 조합 때문인 것으로 보인다.

'플라멩코 록'이나 [비틀즈의] 조지 해리슨이 라비 샹카(Ravi Shankar)에 보였던 관심에도 불구하고, 대중음악에서 가장 큰 성공을 거둔 것은 유럽과 아프리카 전통 요소의 조합이었다.[23] 가장 유명한 예는 재즈이고, 브라질 음악 역시 잘 알려진 사례이다.

예를 들어 1950년대에 인기를 얻었던 보사노바는 북미 모델에 상당 부분을 빚지고 있긴 하지만, 안토니오 카를로스 조빔(Antônio Carlos Jobim, 1927~1994)이 내는 소리는 프랭크 시나트라와는 달랐다. 북미적 요소는 브라질 전통, 그중에서도 아프리카계 브라질 전통과 혼합되었다. 가수 작송 두 판데이루(Jackson do Pandeiro)는 1959년에 발표한 노래에서 이를 "바나나와 추잉검(chiclete com banana)"이라고 표현했다. 또한 펑크(funk) 가수 페르난다 아브레우(Fernanda Abreu)도 노래 「바로 이곳(Esse é o lugar)」(1996)에서 브라질과 미국의 혼합을 "스윙과 흑인(black com suingue)"이라고 묘사했다. 세 번째 사례는 쿠바에서 찾아볼 수 있다. 알레호

카르펜티에르와 페르난도 오르티스가 연구한 '물라토★ 음악(músicas mulatas)'이 그것이다.[24] 1940년대 쿠바에서 생겨난 살사 음악 역시 이후 재즈와 푸에르토리코 음악에 영향을 받았다는 점에서 혼합체에 좀 더 가깝다.

이 마지막 사례나 다른 많은 사례들이 보여주는 바는, 혼종적 형태가 단 한 번의 만남이 아닌 복합적인 만남에 따른 결과인 경우가 많다는 점이다. 자신의 음악에 보다 아프리카적인 풍취를 가미하기 위해 1970년대 후반 세네갈과 나이지리아를 방문했던 브라질 가수 질베르토 질(Gilberto Gil, 1942~)의 경우처럼, 새로운 만남은 때때로 오래된 만남을 강화한다. 또는 살사의 경우처럼 잇따른 만남이 혼합체에 새로운 요소들을 첨가하기도 한다.

다중적 혼종화(multiple hybridization)의 또 다른 사례로 1970년대에 자메이카에서 생겨나, 이후 독일에서부터 일본에까지 이르는 전세계를 정복한 음악 장르인 레게를 들 수 있다(일본에서는 레게를 명절 오봉[お盆]과 관련된 음악에서 파생된 문화적 도식을 통해 인식한다). 레게 음악은 영국, 아프리카,

---

★   물라토(mulato)는 중남 아메리카에 사는 백인과 흑인의 혼혈 인종을 말한다.

북미의 요소들을 포함한다. 레게는 자메이카인 이민자들에 의해 처음 영국에 소개되었는데, 이들은 런던에서 인도인을 비롯한 다른 신흥 이민자 집단과 같은 구역에 거주했다. '아파치 인디언'이라는 이름으로 활동하면서 레게 전통을 인도의 방그라(bhangra) 음악과 결합시킨 음악을 하는 펀자브(Punjab)계★★ 영국인 스티브 카푸르(Steve Kapur)는 이 지역에서 성장했다.[25]

여기서 앞으로 계속 반복해서 등장할 문화적 순환성(cultural circularity)의 개념을 살펴보자. 일부 콩고인 음악가들은 쿠바인 동료들의 영향을 받았고, 나이지리아의 도시 라고스의 몇몇 음악가들은 브라질인 동료들로부터 영감을 얻었다.[26] 다시 말해 아프리카는 미국을 경유한 아프리카적 요소를 다시 모방함으로써 일종의 순환을 완성했다. 그리고 모든 모방은 동시에 적응의 과정이라는 점을 고려해볼 때, 이러한 순환적 여행은 처음 시작된 장소에서 끝나지 않는다.

언어의 영역에서도 음악과 마찬가지로 혼종화와 관련된 인상적인 사례가 상당수 존재한다. 레게 노래 가사는 자메

★★ 인도 북서부에서 파키스탄 북부에 걸친 펀자브 지역 출신자를 가리킨다.

이카 크레올어(creole)*라는 혼합 언어로 쓰인다. 프레이리의 『주인과 노예』는 브라질에서 포르투갈어가 어떻게 노예들의 입에서 보다 부드럽고 매끄럽게 바뀌었는지, 그리고 어떻게 아프리카인 유모들이 이러한 언어 형태를 주인의 아이들에게 전달했는지를 생생하게 그려낸다.[27] 이런 그의 묘사는 아프리카계 브라질인 기능공이 영국 가구를 모방하면서 그것의 각을 부드럽게 만든 것과 명백하게 유사하다.

언어적 혼종화의 사례들은 유럽에서도 어렵지 않게 발견된다. 예를 들어 16, 17세기에는 유럽 각국의 토착어 간의 접촉이 증가함에 따라 언어적 혼합 또한 격렬해졌다. 이러한 현상이 일어난 첫 번째 이유로는 당시 유럽 내 이주가 증가하고 있었다는 점을 들 수 있고, 두 번째로는 인쇄물에서 라틴어의 사용이 점차 줄고 토착어의 사용이 늘어남에 따라 유럽인들이 서로의 언어를 배울 필요성이 커졌다는 점을 들 수 있다.[28]

이 시기의 언어적 혼종화를 설명하는 또 다른 이유로 특히 30년 전쟁(1618~1648) 시기 동안 유럽 군대들이 성장했

★   혼성 언어인 피진어가 모국어화되는 경우를 말한다.

으며 더욱 국제적으로 변화했다는 점을 들 수 있다. 군대라는 언어 사회는 언어 혼합에 중대한 기여를 했는데, 이는 당시 용병 부대가 국제적이었고 다국어를 사용하며 유동적인 조직이었기 때문이다. 예를 들어 스페인에서 함대(armada), 동료(camarada), 매복(emboscada), 사다리 공격(escalada), 열병(parade)와 같은 전문용어들이 나왔고, 프랑스어에서 선봉(avant-garde), 총검(bayonette), 생도(cadet), 순찰대(patrouille)가, 이탈리아어에서는 대대(battaglione), 포격(bombarda), 보병(infanteria), 보초(sentinello), 중대(squadrone) 같은 단어가 나왔다. 이 용어들은 다소 변형된 형태로 유럽 언어 속에서 매우 광범위하게 찾아볼 수 있다.[29]

국제 스포츠 규정이 등장했음에도 불구하고, 스포츠 영역에서의 혼종적 실천의 사례들을 찾아보는 일은 어렵지 않다. 멜라네시아 트로브리안드 군도의 인류학자에 의해 만들어진 한 영화의 제목은 「트로브리안드 크리켓(Trobriand Cricket)」이다. 섬 주민들은 영국인에게서 크리켓 게임을 배웠지만, 수백 명의 사람들이 편을 나누어 경기에 참여하고 창의 사용을 허용하는 쪽으로 규칙을 바꿨다. 게임을 전쟁 의례의 지역적 형태로서 받아들인 것이다.[30]

브라질 축구는 국제 공식 규정을 준수하는 동시에 매우

독특한 브라질만의 경기 양식을 도입했다는 점에서 혼종화에 대한 보다 가벼운 사례다. 1938년에 질베르투 프레이리는 다음과 같은 관찰기를 썼다. "브라질 물라토들은 축구에 곡선을 도입함으로써 그것을 탈-유럽화했다. [...] 우리는 공과 함께 춤춘다." 1930년대의 탁월한 선수 도밍고스 다 기아(Domingos da Guia)는 인터뷰에서 "내가 발명한 짧은 드리블은 삼바의 한 종류인 미우징요(miudinho)를 모방한 것이다"라고 말하여 이러한 해석이 사실임을 보여줬다.[31] 문화적 전지구화가 축구에도 영향을 미치고 브라질 선수들이 여러 유럽 팀에서 활동하고 있는 오늘날, 유럽인이 브라질 스타일을 모방하고 브라질인이 유럽인 코치의 지도를 받으면서, 이런 독특한 브라질 스타일 혹은 라틴 스타일은 사라질 위험에 처해 있는지도 모른다.[32] 만약 그러하다면, 이 역시 또 다른 혼종화의 사례가 될 것이다.

혼종화는 브라질의 또 다른 대표적 문화 행사인 카니발에서 더욱 명백하게 드러난다. 다른 유럽의 관습과 마찬가지로, 카니발은 신대륙으로, 특히 지중해 출신의 가톨릭 교도들에 의해 식민화된 지역으로 전파되었다. 사람들이 서로를 향해 물이나 달걀을 던지는 엔트루두(entrudo)라는 의식은 성별과 사회계급을 막론하고 열렬하게 받아들여졌다.

화려한 드레스와 가면을 착용하는 행위는 전통적인 유럽 의상이 전파된 것이며, 심지어 신대륙의 카니발에서 가장 인기를 얻었던 의상 중 일부는 유럽식 모델의 모방품이었다. 리우데자네이루의 경기병와 할리퀸, 트리니다드의 피에로와 펀치넬로 의상이 그 예이다.* 오늘날 리우데자네이루에서 열리는 삼바학교(Escolas de Samba)의 가두 행진은 15세기 피렌체와 뉘른베르크의 가두 행진과 우화적인 내용을 담은 이동식 무대차의 전통을 따른다. 19세기 중반부터 현재까지 브라질 카니발에서 정치적 문구를 흔하게 발견할 수 있다는 사실조차 유럽(예를 들면 17세기 스페인)과 유사하다.[33]

하지만 유럽 문화의 산물 대다수가 그렇듯, 카니발 또한 아메리카 대륙 이곳저곳을 거치면서 점차 변화했다. 예를 들면 축구의 경우와 마찬가지로, 춤의 중요성은 신대륙의 카니발을 매우 특별하게 만들었다. 이는 브라질의 리우데자네이루나 헤시피뿐만 아니라 쿠바의 아바나, 아르헨티나의 부에노스아이레스, 트리니다드의 포트 오브 스페인에서

★   '할리퀸(Harlequin)'은 유럽 전통 연극에 나오는 다이아몬드 무늬의 알록달록한 옷을 입은 어릿광대이고, '펀치넬로(Punchinello)'는 17세기 이탈리아의 희극 또는 인형극에 나오는 어릿광대이다.

도 마찬가지이다. 종교적이든 세속적이든, 춤은 아프리카 전통에서 매우 중요한 예술이었다. 예를 들어 다호메이[오늘날의 베냉]와 나이지리아의 요루바족의 경우, 의례화된 춤은 영혼이나 신과의 접신을 일으켰다. 아프리카 종교 의식에서 여성들은 전통적으로 중요한 역할을 맡았다. 여성들이 발코니에서 카니발을 구경하던 이탈리아나 다른 유럽과는 달리, 아메리카 대륙의 카니발에서는 거리로 나와 춤을 추고 능동적인 역할을 하는 것을, 아마도 이러한 아프리카 전통이 설명해줄 수 있을 것이다. 브라질에서 여성들이 엔트루두에 참여한다는 것은, 이미 19세기 초에 영국인 헨리 코스터(Henry Koster)와 존 마웨(John Mawe) 같은 외국인 방문자들에 의해 기록된 바 있다.[34]

우리는 브라질이나 쿠바의 카니발을 주형 속 젤리처럼 고정된 유럽 및 아프리카 재료의 혼합체로 바라보려는 유혹에서 벗어나야만 한다. 수많은 혼종적 형태의 문화에서처럼 이러한 혼합체는 불안정하다. 유럽화의 물결이 존재했다. 예를 들어, 19세기 중반 리우데자네이루에서 그랬던 것처럼, 카니발을 '백인화(whiten)'하려는 일부 집단의 계획적인 시도가 있었다. 그와 함께 (특히 지난 50여 년간) 아프리카화의 물결 역시 존재했다.[35] 앞에서 묘사된 20세기 초 움반다의 부상은 칸돔블레를 백인화하려는 시도였으며, 이는 20세기 후반에 이르러 그것을 다시 아프리카화하고 정화하려는 시도로 이어졌다.[36]

혼종적 인간

이 모든 과정에서 혼종적 인간들은 매우 중요한 역할을 담당한다. 그들은 영국계 아일랜드인, 영국계 인도인, 아프리카계 미국인과 같은 혼종적 집단을 포함한다. (1991년에 발간되기 시작한) 『디아스포라들(*Diasporas*)』라는 학술지는 종교적, 정치적, 혹은 경제적 이유로 한 문화에서 다른 문화로 옮겨간 집단을 다루는 연구에 대한 관심의 증대를 반영한다. 1453년 터키인들이 콘스탄티노플을 정복한 이후 그곳에서 이주해 나온 그리스인, 1492년 그라나다 왕국 함락 이후 안달루시아로부터 이주해 나온 유대인과 이슬람교도, 1870년 이후 북미, 남미, 호주로 이주한 이탈리아인, 19세기와 20세기에 동남아시아 혹은 캘리포니아로 이주한 중국인 등이 연구 대상이다.

우리는 혼종적 개인을 잊지 말아야 한다. 다른 문화권으로부터 이주해온 부모 때문에 선천적으로 혼종적인 상황을 타고났는지, 아니면 개종이나 점령 등의 이유 때문에 자발적으로 혹은 비자발적으로 그러한 상황에 놓이게 되었는지는 중요하지 않다.[37] 서로 다른 문화 '사이에서의' 삶은 최근 출간된 자서전에서 반복해서 등장하는 주제이다. 에드워드 사이드나 이엔 앙의 자서전이 그 예다.[38] 이는 중국계 미국인 맥신 홍 킹스턴(Maxine Hong Kingston)의 『여전사(*Woman Warrior*)』 같은 소설에서도 찾아볼 수 있으며, 치카나(chicana)*인 작가 글로리아 안잘두아(Gloria Anzaldua, 1942~2004)가 출판한 산문과 운문을 혼합한 책을 비롯한 다른 형태의 글쓰기에서도 발견할 수 있다.[39] 두보이스(W. E. B. Du Bois, 1868~1963)가 북미의 흑인들에 관해 했던 유명한 말을 인용하자면, 문화들 사이에서의 삶은 때때로 "이중 의식(double consciousness)"이라는 결과를 낳는다.[40]

역사학자들 또한 이러한 주제를 탐구해왔다.[41] 예를 들어 북미의 학자 나탈리 제먼 데이비스(Natalie Zemon Davis)는 문화적 경계 혹은 교차로에서 살았던 세 명의 17세기 유럽 여성들을 연구했다. 오스만제국에서 기독교인이었다가 이슬람교로 개종한 이른바 '배교자들'의 경우처럼, 개종 현상은 자발성이나 강제성의 여부와 관계없이 주목을 끈다.[42] 또한

★   멕시코계 미국 여성을 말한다. 멕시코계 미국 남성은 치카노(chicano)라고 부른다.

최근에 연구된 보다 복잡한 사례로는 '세 세계의 남자'인 사무엘 팰러시(Samuel Pallache, 1550~1616)가 있다. 그는 가톨릭과 프로테스탄트 유럽 양쪽에서 활동했던 모로코계 유대인이었다.[43]

이와는 반대로 서구에서 '아프리카인 레오(Leo the African)'로 알려진 16세기의 지리학자는 이슬람교에서 기독교로 개종했다. 하산 알 와잔(Hasan al-Wazzân)이란 이슬람 이름을 가진 그는 그라나다에서 태어났다. 1492년 그곳에서 이슬람교도들이 축출된 이후 그의 가족은 모로코의 페스로 이주했고, 하산은 그 지역의 통치자를 위해 외교관으로 일하며 성공적인 경력을 쌓았다. 그러다가 1518년 시칠리아 해적들에 의해 포획된 그는 로마로 이송되어 교황 레오 10세에게 소개되었다. 기독교로 개종하고 교황에게 세례를 받은 하산은 레오라는 이름을 받았고, 그 이름으로 아프리카에 관한 유명한 책을 썼다. 그는 논문의 주제가 되었을 뿐만 아니라 소설의 주인공으로 다루어지기도 했는데, 매우 적절하게도 이 두 글의 저자들 또한 프랑스어로 글을 쓰는 아랍인이라는 점에서 문화적 혼종이었다.[44]

하산 알 와잔은 문화적 중재자로서 모범적인 혼종의 사례를 제공한다. 이 책의 뒤에서 논의할 많은 번역가와 몇몇 학자처럼 말이다. 이 학자 중에는 아난다 쿠마라스와미(Ananda Coomaraswamy, 1877~1947)도 포함된다. 당시 영국 식민지였던 실론에서 원주민인 신할리족 아버지와 영국인 어머니 사이에서 태어난 그는 두 살 때 영국으로 이주했으나 20대 중반에 다시 스리랑카로 돌아가 동양과 서양 사이를 중재하는 일을 시작했다. 그는 『중세 신할리 예술(*Medieval Sinhalese Art*)』(1908), 『인도의 장인(*The Indian Craftsman*)』(1909), 『라지푸트족 회화(*Rajput Painting*)』(1916)와 같은 책들을 저술했고, 동양 미술과 중세 유럽 미술 간의 관련성을 강조했다. 이러한 관점은 쿠마라스와미의 영국인 스승인 존 러스킨(John Ruskin, 1819~1900)과 윌리엄 모리스(William Morris, 1834~1896)의 의견과도 일치했으며, 특히 그는 윌리엄 모리스의 책으로 유명한 글로스터셔의 켈름스콧 출판사에서 자신의 저서를 출판하기도 했다.

2
각양각색의 용어

오늘날 학자들이 문화적 교류의 과정과 결과를 묘사할 때 사용하는 용어의 수는 혼종적 사물의 수를 거뜬히 넘어선다. 실제로 너무 많은 단어들이 동일한 현상을 묘사하기 위해 유통된다. 학계에서 아메리카 대륙은 되풀이해서 재발견되고 또 재발명됐다. 한 학문 분야를 연구하는 학자들이 다른 학문 분야에서 이미 생각해낸 것을 알지 못했기 때문이다. 우리는 생존하기 위해 다투는 개념들의 밀림 속에 살고 있다.

이들 용어 중 상당수는 은유적이기 때문에, 평범한 언어에 비해 더 생생하지만 동시에 더 큰 오해의 소지를 낳곤 한다.[1] 이 중 다섯 분야에서의 은유가 관련 논의에서 두드러진다. 각각 경제학, 동물학, 금속공학, 음식, 언어학으로부터 빌려온 은유들로서, 차용(borrowing), 혼종성(hybridity), 용광로(melting pot), 스튜(stew), 그리고 번역(translation)과 '크레올화(creolization)'가 바로 그것이다. 앞서 12쪽에서 보았듯이 '혼종성'이라는 용어는 '미친 듯이 유연하다'고 평가받아 왔다. 불행히도 이러한 비판은 이와 경쟁하는 용어들에도 마찬가지로 적용된다.

우리의 지적 도구상자 안에 있는 용어 중 무엇이 옳고 그른지를 주장하는 것이 이 장의 핵심은 아니다. 비록 나는 언어학적 은유가 다른 은유들에 비해 더욱 커다란 통찰을 줄 수 있다고 주장할 것이지만, '혼종성'부터 '크레올화'까지 이르는 이 분야에서 확산 중인 은유들을 비난하려는 건 아니다. 나의 주요 논점은 모든 용어들이 은유적이든 그렇지 않든 간에 조심스럽게 다뤄질 필요가 있으며, 이를 위해서는 우리가 문화적 혼합, 혼종성 혹은 번역을 분석하기 위해 사용하는 언어 그 자체를 문화사의 일부로 볼 필요가 있다는 점이다.

문화이론은 하루아침에 발명된 것이 아니다. 반대로 그것은 수세기에 걸쳐 개인과 집단이 문화적 변화에 대해 성찰하는 과정에서 점진적으로 발전했다. 학자가 자신이 연구하는 사람들의 입장을 매우 진지하게 받아들여야 한다는 점은 분명하다. 이 자명한 이치는 미국인 인류학자 클리퍼드 기어츠(Clifford Geertz, 1926~2006)가 권고하듯이 '지역적 지식'에 주의를 기울여야 할 뿐 아니라, '지역적 이론'이라고 부를 만한 것이나 '모방(imitation)', '포용(accommodation)'과 같은 개념에 관심을 가져야 한다는 점을 시사한다.[2] '잡종(mongrel)', '사생아(bastard)', '뒤죽박죽(mishmash)' 등등의 용어에 명백히 함축된 경멸적인 어감에도 불구하고, 이 영역에서의 [경멸적인] 재래 개념과 이후의 이론적 개념 사이에는 중요하지만 공인되지 않은 몇몇 유사성과 연속성이 존재한다.

모방과 전유

서양 역사에서 그리스 로마 시대부터 줄곧 문화적 상호작용을 논의하는 방식 중 하나는 모방 개념을 통해서였다. 모방의 긍정적인 측면은 고전 및 르네상스의 문학 이론에서 찾아볼 수 있다. 이 이론에서 창조적 모방은 키케로와 베르길리우스 그리고 다른 훌륭한 모델의 시범을 따르는 것으로 제시되었다.[3]

하지만 일종의 이중적인 문화 기준을 따르던 인본주의자들은 자신이 창조적 모방을 수행한다고 묘사한 반면에, 자신의 동료들은 독창성이 없는 '흉내 내기'를 할 뿐이라고 묘사했다. 이와 동일한 비난이 일상적으로 외국식 모델을 따르던 사람들에게 퍼부어졌다. 그들은 르네상스 시대에는 이탈리아 모델을, 17~18세기에는 프랑스 모델을, 18~19세기에는 영국 모델을 따른다고 비난받았다. 얄궂게도 브라질의 미겔 도 사크라멘토 로페스 가마 신부(Miguel do Sacramento Lopes Gama, 1791~1852)을 비롯한 다른 이들의 '흉내내기(macaqueação)'에 대한 비판은 그 자체가 이들이 비난

하던 외국식 모델을 그대로 따른 것이었다.⁴

모방에 대한 대안적인 개념으로 '전유'가, 혹은 보다 더 생생한 표현으로 '약탈(spolia)'이 있다. 이 용어는 오늘날 교부로서 존경받는 신학자들이 벌인, 초기 기독교인들에게 이교도 문화 수용을 용인해주는 것과 관련한 논의를 배경으로 한다. 예를 들어 가이사리아의 바실리오(329?~379)는 이교도 문물을 선택적으로 전유할 것을 주장하면서, "모든 꽃에 평등하게 다가가지도 않고, 자신이 선택한 꽃을 전부 다 가져가지도 않으며, 오직 자신의 직무에 적합한 것만을 취하고 나머지는 손대지 않는" 벌의 예를 들었다. 로마의 철학자 세네카(기원전 4?~기원후 65)가 세속적인 맥락에서 사용한 바 있는 이 은유는 질긴 생명력을 지니게 되었다.⁵

또 다른 교부인 아우구스티누스(354~430)는 「출애굽기」를 인용하며 "이집트인들에게서의 약탈"이라는 보다 더 극적인 표현을 사용했다. 유대인들이 이집트를 떠날 때 이집트의 보물 일부를 가지고 갔던 것처럼, 기독교인들도 고대 문화로부터 내려온 물건들을 이교도의 것임에도 불구하고 적법하게 재사용할 수 있다. 성경은 동물학이 그러하듯 수많은 은유의 보고였다. 아우구스티누스에 앞서 오리게네스(185?~254?)와 히에로니무스(347?~420)는 유사한 방식으로

「신명기」를 인용하며, 고대 전통을 "만약 그녀의 머리가 잘리고 손톱이 깎였다면 수용할 수 있는 아름다운 포로"라고 묘사했다.

포로의 은유는 중세 시대에도 토마스 아퀴나스(1225?~1274)와 교황 그레고리우스 9세(재위 1227~1241) 등에 의해 계속 사용되었다.[6] 성인들의 '성차별주의' 혹은 독신 성직자의 여성혐오증 정도로 묘사될 수 있을 부분을 차치하면, 이러한 공격적인 언어는 기독교적 맥락에서는 모방이나 차용으로 제시될 수 없던 전유를 정당화하기 위한 것으로 이해되어야 한다.

이런 식의 문화 교류에 대한 접근법은 르네상스 시대에 다시 한 번 사용되었고, 우리 시대에 또다시 부활했다. 프랑스인 가톨릭교도 미셸 드 세르토(Michel de Certeau, 1925~1986)와 폴 리쾨르(Paul Ricœur, 1913~2005)로 대표되는 오늘날 전유를 사용하는 학자들은, 의식적으로든 무의식적으로든 기독교 전통을 끌어 썼다.[7] 이 과정은 '아우구스티누스에게서의 약탈', 즉 재사용이란 개념의 재사용이라고 묘사할 수 있을 것이다. 실제로 재사용(ré-emploi)의 개념을 자세히 설명한 저서 『일상의 발명(L'Invention du quotidien)』(1980)에서 세르토는 아우구스티누스의 구절을 직접 인용하여 "향

락을 위해 이집트인의 재산을 약탈하는" 독자들에 대해 쓴다. 그는 이 문구가 마치 설명이 필요 없을 정도로 잘 알려졌다고 생각한다는 듯이, 아우구스티누스의 이름을 명시하지 않았다.[8]

20세기 초 브라질의 '식인 풍습'에 관한 유명한 논의는 이러한 접근법의 변종으로, 이는 이질적인 무언가를 취하여 소화하는 과정과 관련된다.* 소화의 은유는 오래된 것으로서 고대 시대에는 특히 세네카가 사용했고, 르네상스 시대에 다시 등장했다. 프랜시스 베이컨(Francis Bacon, 1562~1626)의 에세이「학문에 관하여」속 경구 "어떤 책은 맛만 보면 되고, 어떤 책은 삼켜야 한다. 더러는 잘 씹어서 소화시켜야 할 책도 있다"가 한 예이다. 하지만 이 은유를 가장 많이 사용하고 구체화한 곳은 남아메리카, 그 중에서도 브라질이었다.

한 예로 1924년에는 아르헨티나 시인 올리베리오 히론도(Oliverio Girondo, 1891~1967)가 "우리들의 소화와 흡수 능

★   오스왈드 지 안드라지가 1928년「식인종 선언」을 발표한 이후 이루어진 논의를 말한다. 그는 '식인주의' 혹은 '식인 풍습'을 여러 인종이 혼합된 브라질의 혼종적 문화에 대한 은유로서, 그리고 이런 문화를 하나로 연합하기 위한 개념으로서 사용한다.

력"에 관해 글을 썼다.⁹ 가장 유명한 사례로 브라질 작가 오스왈드 지 안드라지(Oswald de Andrade, 1890~1954)의 「식인종 선언(Manifesto antropófago)」(1928)★★을 들 수 있는데, 그는 여기서 유럽식 모델을 따를 것인가 말 것인가의 문제를 다루면서 식인 풍습 개념을 유희적으로 활용한다. 그는 "통조림으로 만든 양심을 수입하는 자들"을 공격하면서, 브라질인이 외래 개념을 소화하고 자신의 것으로 만들 능력을 갖고 있다고 주장했다. 또한 1950년대에 들어서 그는 브라질인이 "인종적·문화적 혼혈의 대변자"라고 주장했다. 보다 최근에는 가수 겸 작곡가 카에타누 벨로주(Caetano Veloso, 1942~)가 외국식 모델을 따른다는 비난에 대해 자신과 동료들을 방어하기 위해, "우리는 비틀즈와 지미 헨드릭스를 먹고 있다"고 선언하며 '식인'의 은유를 취한 바 있다.¹⁰

전유라는 개념의 부정적인 측면은 저작권법이 시행되기 훨씬 이전부터 시작된 표절(plagiarism) 혐의에 대한 비난에서 찾아볼 수 있다. 고대 라틴어에서 '플라기아리우스(pla-

---

★★ 오스왈드 지 안드라지, 이성형 옮김, 「식인종 선언」, 이성형 편, 『브라질: 역사, 정치, 문화』, 까치, 2010, 283~291쪽, 아래 인용문은 284쪽.

giarius)'라는 단어는 원래 노예를 납치한 사람을 의미하지만, 시인 마르티알리스는 이를 문학적 절도를 지칭하는 데도 사용했다. 이 용어는 작가들이 절도 혐의로 서로를 비난하는 일이 일상적이던 르네상스 시기에 부활했다(영어의 '라서니[larceny]', 프랑스어의 '라르셍[larcin]', 이탈리아어의 '라드로네키오[ladroneccio]' 등등).

같은 종류의 보다 부드러운 용어로는 문화적 '차용'이 있다. 언어 순수주의자인 프랑스 학자 겸 출판인 앙리 에스티엔(Henri Estienne, 1528?~1598)이 집에 필요한 물건이 이미 있는 데도 이웃에게 빌리는 "무능한 가장(mauvais ménagers)"에 대해 쓴 글에서 드러나듯, 이 용어는 자주 경멸적으로 사용됐다. 또한 이와 유사한 방식으로 그리스 독립운동 지도자 중 한 명인 아다만티오스 코라이스(Adamantios Korais, 1748~1833)는 "우리의 언어에서 풍부하게 구할 수 있는 단어와 구문들을 낯선 이들에게서 차용하는 행태"를 비난했다. 19세기 러시아에서는 1840년대부터 계속해서 서유럽으로부터의 차용이 갖는 가치와 위험에 대한 논쟁이 대규모로 벌어졌다. 남미에서도 이와 비슷한 토론이 일어났다. 예를 들어 브라질 작가 에우클리지스 다 쿠냐(Euclides da Cunha, 1866~1909)는 자신들의 문화를 "차용의 문화(uma cultura de empréstimo)"라고 비난했다.[11]

20세기 후반에 들어서 '차용'이라는 용어가 보다 긍정적인 의미를 획득한 것은 분명 의미심장하다. 한 예로 프랑스 역사학자 페르낭 브로델(Fernand Braudel, 1902~1985)에 따르면, "문화가 살아남기 위해서는 주거니 받거니 하며 빌려주고 또 차용할 수 있는 것"이 필수적이다. 에드워드 사이드 역시 "모든 문화의 역사가 문화 차용의 역사"라고 선언했다.[12] 언어학자들에게 '차용'은 오랫동안 중립적이고 기술적인 용어였다.[13] 이와 마찬가지로 폴 리쾨르를 비롯한 다른 문화이론가들도 '전유'라는 용어를 어떠한 반감도 없이 사용한다.

보다 전문적인 용어로 '문화 변용(acculturation)'이 있는데, 1880년경 아메리카 원주민 문화를 연구하던 미국의 인류학자들에 의해 고안된 말이다.[14] 이 개념은 근본적으로 지배 문화의 특성들을 받아들인 피지배 문화의 변용을 가리킨다. 또 다른 단어로는 20세기 초에 미국에 도착한 신흥 이민자 집단의 문화에 대한 논의에서 자주 사용된 '동화(assimilation)'가 있다. 쿠바의 사회학자 페르난도 오르티스는 일방향적 개념인 '문화 변용'을 쌍방향적인 '문화 횡단(transculturation)'으로 대체하자고 제안하면서 상호성(reciprocity)이라는 현대적 개념에 더욱 가까워졌다. 그가 말한 대로 우리는 아메리카 대륙을 발견한 콜럼버스의 단순한 용어로 사고해서는 안 된다. 아메리카 원주민의 입장에서는 그들이 콜럼버스를 발견했기 때문이다.[15]

또 다른 전문용어로 '전이(transfer)'가 있다. 이는 원래 경제사학자나 기술사학자들이 고안했지만, 지금은 다른 의미의 차용까지 포괄하는 용어로서 더 널리 사용된다.[16] 이러한 폭넓은 사용의 최근 사례로는 유럽과학재단이 지원하고 프랑스 역사학자 로베르 뮈샹블레(Robert Muchembled)가 총괄했던, 제목에 두 가지 언어를 사용한 '컬처럴 익스체인지/트랑스페르 퀼튀렐(Cultural Exchange/Transferts culturels)'★이라는 공동 연구 프로젝트를 들 수 있다.[17]

'문화 교류'라는 표현은 이미 20세기 초에 독일 학자 아비 바르부르크의 작업에서 사용된 적이 있지만, 최근에 들어서야 보편적으로 사용되기 시작했다.[18] 이 용어가 '차용' 같은 기존 용어들을 대체할 만큼 인기를 얻은 데는, 오르티스가 표현했던 것과 유사한 형태의 상대주의의 확산이 일부

★ 각각 영어('Cultural Exchange')와 프랑스어('Transferts culturels')로 '문화 교류/전이'를 뜻하는 말이다.

기여했다. 하지만 '교류'라는 용어는 결코 특정 방향의 문화적 운동에는 반대 방향으로 향하는 이와 대등한 운동을 수반한다고 암시하지 않는다. 두 방향 중 어느 쪽이 상대적으로 중요한가는 실증 연구의 문제이기 때문이다.

포용과 협상

'포용'은 최근 들어 다시 인기를 얻기 시작한 전통적 개념이다. 고대 로마 시대에 키케로는 연설가에게 자신의 방식을 관객에게 맞추어야 할 의무가 있음을 보이기 위해, 수사학적 맥락에서 이 용어를 사용했다. 중세 초기의 유럽인들, 특히 교황 그레고리우스 1세는 기독교적 메시지를 영국 등지의 이교도들이 받아들일 수 있도록 바꾸어야 할 필요가 있다는 사실에 주목하여, 포용의 개념을 종교적인 맥락에 적용했다. 그는 이교도들이 새로운 종교를 쉽게 받아들이게 하기 위해, 그들의 사원을 파괴하지 말고 교회로 개조해야 한다고 말했다. 그리고 산토 도밍고 성당(30쪽 참조)의 경우처럼, 한참 뒤인 16~17세기에도 그레고리우스 1세의 권고에 따라 사원이 있던 자리에 교회를 건립하는 일이 이루어졌다.

이러한 모델을 따라 이탈리아인 예수회 선교사 마테오 리치 같은 16세기 선교사들은 중국처럼 새로운 환경에 대한 기독교의 '포용'에 대해 말하기도 했다. 이러한 맥락에서

2 각양각색의 용어

 마테오 리치는 그가 전파하려는 종교 사상이 중국인들에게 더욱 가깝게 다가가도록 하기 위해, 유교 학자의 복장을 입었고 조상을 숭배하는 전통 제사 관습을 종교 의식이 아닌 사회 풍습으로 해석함으로써 개종자들이 제사를 계속 지낼 수 있도록 용인하는 것을 정당화했다. 그는 '신(God)'을 '하늘의 주인'을 뜻하는 신조어인 '톈주(天主)'로 번역했고, 중국인 기독교 신자들이 공자의 방식대로 이를 '톈(天)'이라고 간단히 줄여 부르는 것을 용인했다.[19]

 일본에서도 일부 예수회 신부들은 비단옷을 입고 일본식으로 밥을 먹고 신을 부처의 이름 중 하나인 '다이니치(大日)'라고 부르는 등의 포용적인 방식을 채택했다.[20] 마테오 리치처럼 이탈리아인이자 예수회 선교사였던 로베르토 데 노빌리(Roberto de Nobili, 1577~1656)는 남인도에서 근무하면서 역시 마테오 리치처럼 해당 지역의 성직자 옷을 입고, 브라만 개종자가 성사(聖絲)*를 계속 지니고 있는 것을 허용했으며, 교황 그레고리우스 1세의 말을 인용함으로써 이교도를

★ 인도 카스트의 상위 세 계층은 10세 전후에 힌두교의 성인식인 우파나야나를 치르는데, 이때 정신적으로 다시 태어났다는 표시로 목에 거는 실을 성사라고 부른다.

용인한다는 비난에 맞섰다.[21]

최근 들어 '포용'의 개념은 다시 널리 쓰이게 되었는데, 특히 (완벽한 변화를 암시하는) '변용'이나 (의도적인 혼합체를 연상시키는) '혼합주의'의 개념에 비판적인 종교사학자들이 많이 사용한다. 그러나 그것은 '개종된' 사람들뿐만 아니라 선교사들까지 포함하는 방식으로 의미가 바뀌었다. 학자들은 예전에 비해 종교적 만남을 양쪽에서 바라보려고 애쓰며, 만남의 결과가 개종이라기보다는 혼종화의 형태라는 것을 점점 더 깨닫고 있다.

따라서 예수회의 중국 활동에 관한 최근 연구는 당시 중국인들이 예수회 신부들만큼이나 포용을 실천했다고 주장한다.[22] 예수회 신부들의 생각과는 달리 그들은 자신이 유교를 기독교로 대체한다고 여기지 않았다. 오히려 반대로 그들은 새로운 믿음 체계가 전통적인 것을 보충한다고 보았다. 문화적 변화는 '대체'가 아닌 '추가'적인 현상으로 일어났다.

최근의 학계에서는 '포용'에 대한 대안으로 '대화(dialogue)'와 '협상(negotiation)'이라는 개념이 등장했다. 이 둘은 모두 위로부터의 관점뿐만 아니라 아래로부터의 관점도, 선교자의 주도권뿐만 아니라 개종자의 주도권도 강조

2 각양각색의 용어

한다.[23]

특히 협상 개념은 다양한 맥락의 문화연구에서 점점 더 인기를 얻고 있다. 법원에서의 사법 거래(plea bargaining) 혹은 환자가 의사와 질병에 관해 상담하는 경우처럼, 이 용어는 미시적 층위에서는 양쪽 모두가 기존의 판단을 수정하도록 만드는 대화를 분석하는 데 사용되었다. 거시적 층위에서는 두 지적 체계 간의 대화(예를 들면 엘리트와 대중) 혹은 선교사와 그들이 개종시키려 하는 대상자 간의 대화를 분석하는 데 쓰였다.[24] 또 이 용어는 인종성을 분석하는 데에 자주 사용되는데, 그 이유는 이 용어가 정체성의 다중성과 유동성에 대한 인식을 나타내고, 상이한 상황에서 상이한 방식으로 정체성이 수정되는 혹은 최소한 드러나는 방식을 표현해주기 때문이다.[25] 번역 또한 종종 의미를 협상하는 과정으로 소개된다.[26]

혼합, 혼합주의, 혼종성

16~17세기에 포용의 과정은 때때로 혼합 혹은 혼합주의를 초래한다는 이유로 비난받았다. 혼합물이나 '뒤범벅(hotchpotch)', '뒤죽박죽'은 일종의 무질서로 여겨졌다. 16세기 멕시코에서 도미니크회 수사 디에고 두란(Diego Durán)은 멕시코인의 종교를 언급할 때 경멸적이면서 때때로 요리와 관련된 용어를 사용했다. '잡탕'이나 '샐러드'가 그 예이다.[27]

종교적 믿음의 혼합과 마찬가지로, 당시에는 언어의 혼합을 자주 '주방용 라틴어'나 '마카로니식 라틴어'와 같이 요리와 관련된 용어로 비난하고는 했다. 영어와 이디시어는 둘 다 부패하거나 혼합된 언어로 비판받았다. 반면에 마르틴 루터는 근대적 언어학자들보다 앞서서 "모든 언어는 혼합되어 있다"라고 말한 바 있다.[28] 오늘날 '혼합 언어' 개념은 언어학에서 인정받고 있으며, 에콰도르의 '메디아 렝구아(media lengua)'*와 필리핀의 '믹스–믹스(mix-mix)'**는 모두 진지한 연구 대상으로 취급된다.[29]

브라질 역사학자들은 20세기 초 상파울루에서 사용된

이탈리아계 포르투갈어에 이와 유사한 관심을 가질 수 있을 것이다. 이 언어에는 신흥 이민자 집단의 문자뿐만이 아니라, 주오 바나네리(Juó Bananère)★★★ 같은 희극 문학 작가들의 양식화된 '마카로니식' 언어 역시 영향을 주었다.[30] 특히 이 사례는 혼종성이 비록 항상은 아니더라도 대부분의 경우 어떤 상태라기보다는 과정으로서 존재한다는 점을 명백하게 보여준다. 이 마카로니식 언어가 이민자들이 브라질 문화로 동화되는 과정 중 특정한 시기를 보여주기 때문이다.

이와 유사한 역할을 하는 금속과 관련된 은유로 '융합(fusion)'이 있다. 독일인 식물학자 겸 탐험가인 카를 폰 마르티우스(Karl von Martius, 1794~1868)는 브라질의 역사가 세 인종의 '융합'으로 서술될 수 있다고 제안했다. 한편 질베르투

★ 남아메리카 토착민의 언어인 케추아어 문법 체계와 스페인어 어휘가 결합된 혼합 언어. 케추아어는 남아메리카 토착언어로서, 볼리비아와 페루에서는 스페인어와 함께 공용어로 지정되어 있으며, 콜롬비아, 에콰도르, 아르헨티나 북서부, 칠레 북부에서도 사용된다.
★★ 필리핀의 타갈로그어와 영어의 혼합 언어. 타갈로그어로는 '할로-할로(halo-halo)'라고 부르는데, 'halo'는 영어의 'mix'를 뜻한다.
★★★ 브라질인 작가 알렉산드리 마샤두(Alexandre Ribeiro Marcondes Machado, 1892~1933)가 상파울루의 이탈리아계 방언으로 풍자적인 글을 쓸 때 사용한 필명.

프레이리는 "다양한 전통의 조화로운 융합"을 언급한 바 있다. 멕시코에서는 독일계 미국인 인류학자 프란츠 보아스(Franz Boas, 1858~1942)의 제자이자, 대장장이, 모루, 대장간, 철, 청동 등과 같은 보다 확장된 금속 관련 은유들로 구성된 『조국 단조하기(Forging the Fatherland)』(1916)의 저자인 마누엘 가미오(Manuel Gamio, 1883~1960)가 그 자신이 "인종 간 융합" 혹은 "문화적 발현들의 융합"이라 일컬은 현상을 지지했다.

아마도 핵물리학으로부터 기원했을 이 융합이라는 단어는 오늘날 음악에서부터 요리까지 포괄하는 다양한 맥락 속에서 인기리에 사용된다. 예를 들어 '아시안 퓨전[융합]'은 다양한 종류의 동양 요리들을 제공하는 레스토랑을 지칭한다. 음악학자들은 이제 '퓨전 장르'에 대해서 이야기한다. '퓨전 재즈'는 재즈를 펑크(funk), 록, 클래식, 포크 혹은 다른 종류의 음악과 섞거나 융합하는 음악 양식을 일컫는다.

융합 개념은 미국에 대한 유명한 은유인 문화적 '용광로'와도 멀지 않다. 용광로는 가족이 러시아에서 런던으로 이민하자마자 태어난 유대인 작가 이스라엘 장윌(Israel Zangwill, 1864~1926)이 쓴 한때 논란이 됐던 연극의 제목으로, 일상언어의 일부로 자리 잡았다. 1908년 뉴욕에서 막을 올린

2 각양각색의 용어

『용광로(The Melting Pot)』는 이민자를 "신의 도가니, 유럽의 모든 인종들이 녹여지고 정제되는 위대한 용광로" 안의 "미국인"으로서 받아들이는 과정을 극화했다. 이와 유사한 금속 관련 용어인 '제련' 또한 그보다는 덜 성공적이었으나 멜빌 허스코비츠에 의해 종종 사용되곤 했다.[31]

그리스인 작가 플루타르크(Plutarch, 46?~120)는 정치적 연대의 맥락에서 '혼합주의'라는 단어를 최초로 사용했다. 그리고 17세기에 이르러 루터파 신학자인 게오르그 칼릭스투스(Georg Calixtus, 1586~1656)가 서로 다른 프로테스탄트 집단을 통합하기 위해 드는 노력에 대해 개탄할 때 다시 사용했다. 이때 혼합주의는 종교적 혼란을 뜻했다. 이와 유사한 과정을 일컫는 긍정적인 용어로는 (게오르그 칼릭스투스가 자신의 목표를 이야기하면서 사용한) '합의(consensus)'가 있고, 조반니 피코 델라 미란돌라(Giovanni Pico della Mirandola, 1463~1494)와 같은 일부 르네상스 학자들이 기독교와 이교 사상을 화해시키려고 한 노력에 관해 말하면서 사용한 '조정(conciliation)'이 있다.[32]

19세기 후반에 '혼합주의'라는 단어가 벨기에 학자 프란츠 퀴몽과 다른 학자들이 연구한 고대 종교의 맥락에서 긍정적인 의미를 획득했다.[33] 특히 이 용어는 헬레니즘 시대에 흔히 이루어졌던, 서로 다른 문화에서 기원한 남신 간이나 여신 간의 동일시를 논할 때 사용되었다(예를 들어 페니키아의 여신인 아스타르테[Astarte]는 아프로디테와, 이집트의 서기[書記]의 신인 토트[Thoth]는 헤르메스와 동일시되었다).[34]

고전학에서 나온 이 용어는 다른 학문 영역에서도 통용되었다. 예를 들어 멜빌 허스코비츠는 혼합주의 개념이 문화 접촉에 대한 분석을 "정교화하는 데 도움을 주었으며", (앞서 언급된 성 바르바라와 샹고의 동일시의 경우처럼) 특히 아프리카계 아메리카인의 종교의 분석에서 유용했다고 언급한 바 있다. 반면에 허스코비츠는 문화 접촉에 직접적으로 관여된 사람들, 즉 사회적 행위자들을 무시한다는 비판을 받기도 했다.[35]

'혼종성'이나 '혼혈(mestizaje)'과 관련된 보다 더 생생한 식물적 혹은 생물학적 은유*는 19세기와 20세기에 걸쳐 특히 많은 인기를 얻었다. 이는 '잡종'이나 '사생아'와 같은 전통적인 욕설로부터 등장했으며, [다른 문화 간의 상호교류를 뜻하는] '타가 수정(cross-fertilization)' 같은 유사어를 만들어냈

★　'혼종성(hybridity)'라는 말이 나온 '하이브리드(hybrid)'는 동물이나 식물의 잡종을 가리키는 말이다.

2 각양각색의 용어

다.[36]

이러한 발상은 질베르투 프레이리의 작업에서도 중심이 되는데, 그는 풍부한 어휘력을 통해 이를 매우 다양한 방식으로 묘사했다. 허스코비츠와 프레이리의 제자라기보다는 추종자에 가까웠던 프랑스인 사회학자 로제 바스티드(Roger Bastide, 1898~1974)의 아프리카계 아메리카인의 종교 분석에서도 이종교배(métissage)와 상호침투(interpénétration)의 개념은 핵심적인 역할을 했다.[37]

그러나 '혼혈' 개념이 이종교배라는 직접적 의미와 '문화의 혼합'이라는 은유적 의미 양쪽 모두로 가장 자주 사용된 곳은 스페인과 스페인계 아메리카 지역이었고, 이는 지금도 마찬가지이다. 그 말은 때로는 욕설로 때로는 찬사로 쓰였고, 학문적 분석 도구이기도 했다. 철학자 미겔 우나무노(Miguel Unamuno)의 사촌이기도 한 바스크족 인류학자 텔레스포로 아란사디 우나무노(Telesforo Aranzadi Unamuno, 1860~1945)는 문화적 혼합을 옹호했다. (어머니가 영국인인) 혼혈 태생의 스페인 작가 라미로 데 마에스투(Ramiro de Maeztu y Whitney)는 스페인계 문화를 혼합체로 정의했고, 이는 앞서 논의했던 역사학자 아메리코 카스트로도 마찬가지였다.

이종교배가 뭔가 새로운 것을 가져올 것이라고 믿었던 멕시코 출신의 다윈주의자 비센테 리바 팔라시오(Vicente Riva Palacio, 1832~1896)는 메스티소가 미래의 인종이라고 주장했으며, 이 발상은 이후 호세 바스콘셀로스와도 연관된다. 아르헨티나 작가 레오폴도 루고네스(Leopoldo Lugones, 1874~1938)와 리카르도 로하스(Ricardo Rojas, 1882~1957)는 둘 다 혼혈을 민족적 정체성을 정의하는 데 있어서 주요한 것으로 간주했다.[38]

지리적으로나 지적인 전통의 맥락에서나 매우 다른 위치에 서 있는 러시아의 문학 이론가 미하일 바흐친(Mikhail Bakhtin, 1895~1975) 또한 문화 혼종성(gibrid)과 혼종화(gibridizacija)의 중요성에 주목했다. 예를 들어 그는 16세기 풍자극인 『무명 인사들로부터의 편지(*The Letters of Obscure Men*)』를 라틴어과 독일어의 "복잡하고 의도적인 언어적 혼종체"라고 묘사했고, 이를 언어들의 "상호조명(vznaimnoosveščenie)"이라 칭한 현상을 실증하는 사례로 봤다. 바흐친에 따르면 이러한 상호조명은 르네상스 시대에 절정에 달했고, 이는 그가 책 한 권을 모두 할애해 분석한 프랑수아 라블레(François Rabelais)의 작품에서 가장 명백하게 드러나듯이 문학적 혁신과 창조성을 자극하는 데 도움을 주었다. 혼종 개념은 바흐친의 사상에서 주요했던 두 가지 개념과 연결되어 있는데, 하나는 '이어성(異語性, raznorecie)'이고 다른 하나는 '다성성(多聲性, polifoniya)'이다. '이어성'은 단일 텍스트 내에서의 언어의 다양성을 의미하고, '다성성'은 도스토옙스키 같은 소설가들이 차용한 [한 작품 내의] 다양한 목소리의 등장을 일컫는다.[39]

오늘날 '혼종성'이라는 용어는 에드워드 사이드의 작업을 비롯한 탈식민연구에서 끊임없이 등장한다. 사이드는 우리가 지금 처한 상황에 대해 이렇게 언급했다. "모든 문화들은 서로 관련되어 있다. […] 어떤 것도 단일하거나 순수하지 않으며, 모든 것은 혼종적이고 이질적이다."[40] 비록 이 용어를 보다 양가적인 의미로 사용하지만 (혹은 그것의 양가성을 강조하지만), 호미 바바의 작업에서도 혼종성이라는 발상은 마찬가지로 주요한 것이다.[41]

앞선 개념보다는 오늘날 덜 알려져 있지만 문화 변화에 대한 분석에서 그에 못지않은 통찰력을 제공하는 개념으로, 스웨덴 민속학자 칼 빌헬름 폰 쉬도브(Carl Wilhelm von Sydow, 1878~1952)가 사용한 '지역유형(oicotype)'이 있다. '혼종성'과 마찬가지로 '지역유형' 혹은 '생태형(ecotype)'이란 단어는 본래 자연선택에 의해 특정 환경에 적응한 식물을 통칭하기 위해 식물학자들이 고안해낸 것이다. 쉬도브는 문화적 환경에 맞춰 민담의 내용이 바뀌는 과정에서 어떤 변화가 일어나는지를 분석하기 위해 이 용어를 차용했다.[42] 문화적 상호작용을 연구하는 학자들은 쉬도브의 이론적 틀을 따라, 체코의 바로크 건축*과 같은 지역적 형태를 독자적인 규칙을 가진 국제적 운동의 지역적 변이로서 논의할 수 있다.

이미 앞서 언급됐듯이, 개념의 역사 속에서는 이미 있는 것이 다시 발견되곤 한다. 다시 말해 특정 문제나 학문을 연구하는 학자들은 다른 학문 영역에서 다른 작업을 하는 학자들이 오랫동안 알고 있었던 현상을 발견하곤 한다. 현재 전지구화에 대한 지속적인 논쟁에서 반복적으로 등장하는 질문은 문화적 균질화의 정도인데, 이는 때때로 '코카콜라화' 혹은 '맥도날드화' 같은 용어로 논의된다. 일부 학자는 균질화에 대항하는 운동의 중요성을 강조하며, 코카콜라와 맥도날드 같은 전지구적 상품들이 지역적 상황에 적응하는

★   16세기 후반 이탈리아에서 시작되어 17세기 동안 유럽 전역으로 확산된 바로크 건축은 체코의 건축에도 큰 영향을 미쳤다. 1673년 예수회 수도원과 함께 건축된 성 미쿨라쉬 성당은 대표적인 체코의 바로크 건축물이다.

경우를 예로 든다.

코카콜라의 경우를 보면, 북미 브랜드와의 경쟁 속에서 페루의 잉카콜라와 같은 지역적 브랜드가 등장하기 시작했다. 트리니다드 등지에서는 자주 콜라를 럼이나 브랜디와 같은 지역의 술과 섞어 마신다. 콜라는 새로운 기능을 하기도 하는데, 예를 들어 중국 사람들은 콜라를 데워서 약으로 마신다. 멕시코에 거주하는 인도인들에 관한 신문 보도에 따르면 그들은 펩시콜라를 자신들의 종교 의식에 통합했다고 한다.[43]

햄버거의 표준화는 맥도날드의 국제적 성공에 중요한 동인이었다. 실제로 일부 경제학자는 각국의 빅맥 가격을 비교함으로써 경제 성과를 측정한다. 그러나 이러한 표준화는 특정 지역 시장의 필요에 따라 변형된 상품들과 공존한다. 맥도날드는 우루과이에서 [달걀을 깨어 삶아서 얹은] 맥우에보(McHuevo)를, 멕시코에서는 맥브리토(McBurrito)를, 인도에서는 (소고기를 양고기로 대체한) 마하라자 맥(Maharaja Mac)을 판매한다. 다섯 명의 미국인 인류학자 팀은 일본, 한국, 중국, 대만에서 [패스트푸드] 레스토랑 체인점의 확산에 대한 반응을 연구했다. 그들에 따르면 이들 레스토랑은 일반적으로 비싸다고 여겨져서, 택시를 타는 것도 괜찮을 정도로 특별한 날에 그곳에 간다고 한다. 그렇다면 이런 레스토랑의 매력은 무엇인가? 이들은 위생적인 환경뿐만 아니라 민주주의의 상징인 셀프 서비스와 줄 서기를 통해 서구적 근대성의 사례와 기호를 제공한다. 소비자들이 구입하는 것은 어떤 의미에서 미국적 삶의 방식의 한 단면이라고 볼 수 있다.[44]

이러한 사례들은 전지구화를 분석하는 이들이 소프트웨어 산업으로부터 차용된 '지역화(localization)'란 용어나 1980년대의 비즈니스 용어였던 '글로컬라이제이션(glocalization)'★을 사용하도록 장려한다.[45] 이 논쟁을 지켜보는 민속학자들은 일종의 기시감을 느낄 수도 있는데, 이는 우리가 '지역유형'의 귀환이라 불릴 만한 현상을 목격하고 있기 때문이다.

지역유형의 존재는 구심력뿐만 아니라 원심력에 대해서도 인지할 필요가 있다는 점을 상기시킨다. 언어와 방언의 역사와 마찬가지로 문화사는 대개 이 두 종류의 힘 사이의 투쟁으로 간주될 수 있다. 한 경향이 지배적일 때도 있고 다

★ 전지구화(globalization)과 지역화(localization)가 동시에 진행되는 현상을 지칭하는 합성어.

른 경향이 압도할 때도 있지만, 장기적으로 보았을 때 이 둘은 일종의 균형관계를 이루고 있다.

논쟁적인 개념들

개념은 지적인 문제를 해결하는 데 도움이 되도록 만들어지지만, 적지 않은 경우 그 자신이 문제의 원인이 되기도 한다. 보다 정확하게 말하자면, 사람들은 특정 개념을 사용함으로써 다른 개념들로는 지나쳐버릴 문제를 인식할 수 있다. '전유'의 경우, 우리는 누가 무엇을 어떤 목적에서 전유하는지를 당연히 질문할 필요가 있다. 다시 말해 어떤 목록에서 의식적으로든 무의식적으로든 일부 항목을 선택하고 나머지를 배제하는 행위에 대한 선택의 논리, 이론적 근거를 발견할 필요가 있다. '혼합주의' 개념은 우리가 서로 다른 요소들의 혼합이 어느 정도의 규모로 이루어졌는지를 연구하도록 만든다(주방용 믹서기를 사용해본 사람이라면 누구나 알듯이 혼합되는 정도는 다를 수 있다).[46] '혼종성'에 대해 말하자면, 문자 그대로의 의미를 지니면서도 동시에 은유적이고, 묘사적이면서도 설명적인, 파악하기 힘든 불명확한 용어다.[47]

혼합과 혼종성의 개념은 또한 개별 행위주체를 배제하는 것처럼 보이는 단점으로 인해 불리한 위치에 서 있다. '혼합'은 너무 기계적으로 들릴 수 있다. '혼종성'은 문화를 자연처럼 연구하는 외부 관찰자의 모습을 상기시키고, 개인과 집단의 결과물이 식물 표본인 것처럼 보이게 만든다. '전유'와 '포용'과 같은 개념은 인간 행위주체와 창조성에 보다 더 주목한다. 이는 점점 더 널리 알려지고 있는 '문화 번역' 또한 마찬가지이다. 이 용어는 문화적 만남을 통해 새롭고 혼종적인 형태가 생산되는 절차를 묘사하기 위해 쓰인다.

문화 번역

이 글의 주제를 다루는 데 사용된 서로 다른 은유들 중 가장 유익한 동시에 오해의 여지가 없어 보이는 것은 언어적 은유이다. 그것들 중 하나는 인류학자들이 처음 사용한 '문화 번역'이란 말이다. 한 예로 영국으로 이민한 뒤 멜라네시아에서 현지 연구를 진행한 폴란드인 브로니스와프 말리노프스키(Bronisław Malinowski, 1884~1942)는 "외래 문화를 배우는 것은 외국어를 배우는 것과 같다"면서, 저술한 책들을 통해 "멜라네시아적 조건들을 우리의 것으로 번역"하고자 시도했다고 주장했다. 그러나 이질적인 문화를 이해하는 것이 번역 작업과 유사하다는 생각은 1950년대와 1960년대의 인류학자들 사이에서 처음 통용되었다.

이러한 변화의 주역은 영국인 인류학자 에드워드 에번스-프리처드(Edward Evans-Pritchard, 1902~1973)로, 1951년에 이미 "한 문화에서 다른 문화로의 번역"과 "외래 문화를 우리 자신의 언어로 번역"하는 데 필요한 기술에 관해 저술했다.[48] 고드프리 린하르트(Godfrey Lienhardt)와 토머스 바이

델만(Thomas Beidelman) 같은 에번스-프리처드의 지지자들은 그의 개념을 계속해서 사용했고, 그 중 한 명은 "인류학은 번역의 예술"이라고 선언하기까지 했다.[49]

'문화 번역'이란 은유는 원래 인류학자들이 연구하는 집단에서 사용되는 핵심적인 단어에 대응하는 말이 학자들이 쓰는 언어에는 없을 경우, 그것을 어떻게 나타낼 수 있을지에 대한 실용적인 문제의 맥락에서 등장했다. 역사학자들이 이와 유사한 어려움을 겪었다는 사실을 생각해본다면, 그들 중 일부가 이러한 생각에 매력을 느낀 것은 당연한 일이었다.[50]

그러나 '문화 번역'이란 은유의 사용은 더 이상 인류학자나 문화사학자들의 작업에 대한 철학적 혹은 준(準)철학적 논의에 한정되지 않는다. 이제는 모든 이들의 생각과 행동에 포함될 정도로 확장되었다. 이러한 확장의 기반을 이루는 중대한 통찰력은 독일 낭만주의자들에게서 나타났고, 이는 세계적인 문학 평론가 조지 슈타이너(George Steiner)에 의해 이렇게 훌륭하게 요약되어 표현되기도 했다. "우리가 과거로부터의 언어적 표현을 읽거나 들을 때 […] 우리는 번역한다." "언어들 내부나 언어 사이에서 인간의 의사소통은 번역과 같은 것이다."[51]

어떤 문화사학자는 이 은유가 몇몇 인간적 상황, 특히 각기 다른 문화에 속한 사람들이 만나는 상황을 효과적으로 묘사한다는 제안을 덧붙이고 싶을지도 모른다. 예를 들어 1498년 바스쿠 다 가마(Vasco da Gama)와 그의 일행이 인도 남서부 해안에 위치한 캘리컷[오늘날의 코지코드]의 한 사원에 들어갔을 때, 그들은 힌두교의 세 주요 신인 브라흐마, 비슈누, 시바의 머리가 결합된 낯선 이미지와 마주쳤다. 포르투갈인 방문자들은 이 이미지를 삼위일체의 표현으로 인식했다. 다시 말해 그들은 자신의 문화 속 시각적 도식이나 고정관념을 끌어와서, 그것을 익숙한 용어로 '번역'했다. 이 경우에는 번역 행위가 무의식적이었을 것이다.

한편으로 우리는 마테오 리치 같이 종교적 '포용'에 관심을 가진 선교사들이 기독교를 하나의 문화적 체계에서 다른 체계로 의식적으로 번역하고자 시도했다고 말할 수 있다. 이와 유사하게, 독일인 이집트학 학자 얀 아스만(Jan Assmann)이 고안한 "신들의 번역"이란 표현은 흔히 '혼합주의'라고 알려져 있던 것, 다시 말해 한 문화의 신들에 대응하는 것을 다른 문화에서 찾고자 하는 행위를 분명하게 나타낸다고 할 수 있다.[52]

앞에서 보았듯이, 고대 시대에는 이집트의 서기의 신 토트가 그리스의 헤르메스와 로마의 메르쿠리우스로, 페니키아의 여신 아스타르테는 그리스의 아프로디테와 로마의 비너스로 동일시되거나 번역되었다. 또한 수세기 이후 신대륙에서의 아프리카 전통 컬트종교와 유럽 가톨릭교의 만남은 앞서 언급한 성 바르바라와 샹고, 성 게오르기우스와 오군 같은 일련의 대응물 혹은 번역을 생겨나도록 했다.[53]

이와 비슷한 방식으로 미술이나 음악의 역사를 고찰하는 것도 유의미할 것이다. 예를 들어 오스만제국의 음악으로부터 영향을 받은 서양 음악 양식인 터키풍(alla turca) 양식에 관한 최근 연구는, 그것이 "모방적 도구들의 조합이라고 할 수 있는 만큼이나 (혹은 그 이상으로) 번역 원칙들의 조합이기도 했다"고 말한다.[54] 이러한 통찰은 다른 장르에도 적용될 수 있으며, 모방이라는 단순한 생각에 대한 보다 섬세한 대안으로서 그 용어의 가치를 명확히 드러낸다.

'번역'이라는 용어에는 두 가지 이점이 있다. 첫째는 이질적인 것을 길들이기 위해 개인과 집단이 실행해야 하는 작업과 함께 그 과정에서 채택되는 전략과 전술을 강조할 수 있다는 것이고, 둘째는 문화적 상대주의와의 연관 속에서 중립성을 띤다는 점이다. 이는 본래 인류학자들이 '번역' 개념에 매력을 느꼈던 이유들 중 하나였다. '번역'은 '착오

(misunderstanding)', '오해(misinterpretation)', '오인(misrecognition)', '오독(misreading)', '오역(mistranslation)', '오용(misuse)'과 같은 가치판단적인 용어와는 대조를 이룬다.[55]

중립적 용어와 가치판단적 용어 사이의 대조는 과연 문화적 오역이 가능한가라는 질문을 낳는다. 이 질문에 답하기 어려운 이유는 과연 무엇이 오역을 만들어내는지에 대한 합의된 기준이 없기 때문이다. 하지만 마테오 리치가 처음 중국에 도착해서 승려 복장을 입기로 한 결정을 다룰 때, 우리는 이 용어를 사용하고 싶은 유혹을 느낀다. 그는 승려가 가톨릭 신부의 지역적 대응물이라고 판단했기 때문에 그러한 결정을 내렸지만, 자신의 선교 활동의 주 대상이었던 유교 엘리트 집단이 승려를 낮은 지위로 본다는 사실을 깨닫곤 더 이상 승려 복장을 하지 않았다. 다시 말해 그는 자신의 실수를 인식했고, 학자 복장으로 옷을 갈아입으면서 이를 만회하고자 했다.

그러나 개인과 집단이 그들만의 문화 번역을 계속 고집하는 경우, 한쪽 입장만을 지지하는 것은 현명하지 못하다. 원 문화권에 속한 제공자의 입장과 그 문화권으로부터 특정 산물을 전유한 다른 문화권에 속한 수용자의 입장 간 차이를 감안할 필요가 있다. 제공자에게는 그들의 문화에 대한 차용이나 번역은 모두 오류처럼 보일 것이다. 반면에 수용자가 자신들의 변형 행위를 오류 수정을 위한 것이라고 인식할 수도 있다. 미국인 인류학자 로라 보해넌(Laura Bohannan)은 자신의 현장 연구 경험을 매우 유쾌하면서도 명료하게 회고하면서,『햄릿』이야기를 서아프리카인들에게 들려줬던 경험을 묘사한 적이 있다. 나이 든 남자들은 그 이야기를 자신의 문화에 적용시킴으로써, 그녀에게 '실수'를 고쳐야 한다고 주장하고 이야기의 '진정한 의미'를 설명하고자 했다.[56]

이러한 의견 차이가 명확히 드러나는 문제 중 하나는 번역 가능성의 여부이다. 지금까지 수많은 문화 번역의 시도가 있었지만, 어떤 문화의 산물도 완벽하게 번역된 적은 없다. 이 점은 아마도 언어의 경우에 가장 명백하게 드러날 것이다. 여러 언어를 구사하는 사람들은 때때로 특정 용어가 번역 불가능하고, 그에 상응하는 언어를 찾는 과정에서 중요한 무언가가 사라진다고 주장한다. '교육(education)'과 거의 유사한 독일어 빌둥(Bildung)과 '삶의 방식(way of life)'과 거의 유사한 러시아어 비트(byt), '향수(nostalgia)'와 의미가 거의 비슷한 포르투갈어 사우다드(saudade)와 같은 경우가 그 사례이다.

실제로 문화연구가 앞으로 나아갈 수 있는 방향에 대해 고려해볼 때, 학자들이 특정 문화에서 가장 번역하기 어려운 부분과 다른 문화로 번역하는 과정에서 상실되는 부분에 좀 더 많은 주의를 기울이는 것이 생산적일 수 있다.

번역이라는 용어로 문화 교류를 바라보면 무엇인가를 놓칠 수 있다. '문화 번역'은 다른 은유들과 마찬가지로 이해를 돕는 동시에 오해를 불러일으킨다. 이것은 인류학자나 고고학자, 역사가들이 읽는 텍스트로서의 문화라는 개념과 연관된 일군의 은유 중 일부를 형성한다. 만약 우리가 이 은유에 끌린다면, 잠시 멈춰 서서 문화가 텍스트와 어떻게 다른가에 대해 자문해보아야 한다. 이 언어적 은유는 '혼종성'이라는 식물학적 은유보다는 덜 위험하지만, 방심하면 우리로 하여금 길을 잃게 만드는 힘을 지녔다.

크레올화

그 밖의 다른 언어학적 모델들은 서로 다른 문화 형태에 전파되었다. 예를 들어 '혼종성'이란 용어의 비판자 중 한 명은 그것을 '문화적 양층언어(cultural diglossia)'라는 말로 대체할 것을 제안했다. 이는 동일한 사람들이 서로 다른 상황에 따라 두 개의 언어 모델 중 하나를, 혹은 한 언어에서 나온 두 변종 언어 모델 중 하나를 선택하는 경우를 의미한다. 이때 두 언어는 보통 '상위' 언어와 '하위' 언어로 구분된다.[57]

오늘날 더욱 광범위하게 사용되는 문화 모델은 '크레올화'이다. '크레올'이란 스페인, 포르투갈, 프랑스, 영국에서 수세기 동안 사용하던 용어로서, 아메리카 대륙(혹은 마다가스카르나 레위니옹 섬 같은 곳)에서 태어났지만 다른 대륙(대부분 유럽이지만 때때로 아프리카) 출신의 조상을 지닌 사람들을 일컫는다. 언어학자들은 카리브해 지역 연구에서 이 용어를 일반화했다. 그들은 이 말을 사람들이 기존의 공통어(lingua franca)* 혹은 피진어를 일상적으로 사용하거나 심지어

제1언어로서 습득하면서, 그 언어가 더욱 복잡한 구조로 발전하는 상황을 묘사하는 데 사용했다.[58] 접촉 상태에 있는 두 언어는 그 유사성이나 관련성에 기반하여 서로를 더욱 닮아가고, 대개 한 언어의 어휘를 취하고 다른 언어의 구조나 문법을 취하면서 새로운 언어를 창조하는 방향으로 수렴된다. 예를 들어 에콰도르의 '메디아 렝구아'의 경우 어휘는 기본적으로 스페인어인 반면 구조는 케추아어로부터 왔다.[59]

일부 학자들은 이러한 모델을 계승 확장하여, 아메리카 대륙뿐 아니라 다른 지역까지 포괄하는 모든 문화들의 '크레올화'에 대해 썼다. 일부 학자들은 크레올화를 그 용어가 기원한 아메리카 대륙에만, 혹은 심지어 카리브해 지역에만 한정해서 사용해야 한다고 주장했다.[60] 그러나 카리브해 지역 문화의 특수성을 부정하지는 않지만, 노예들이 아메리카 대륙으로 강제 이주를 당한 경험이 특정한 문화적 과정을 매우 명확하게 드러낸다는 점에서, 크레올화 개념은 여러 학문 분야에서는 물론 다른 여러 대륙을 다룰 때도 유

★   서로 다른 언어를 사용하는 사람들이 의사소통을 위해 사용하는 혼성어를 가리킨다.

2 각양각색의 용어

용하다는 반론의 여지 또한 존재한다.

스웨덴의 인류학자 울프 한네르(Ulf Hannerz)는 크레올 문화가 "하나의 일관된 체계를 갖출" 시간이 충분했고, "새로운 방식으로 사물들을 구성할 수 있으며", "두 개나 그 이상의 문화적 조류"의 "합류"로부터 "새로운 문화"를 창조했다고 말한다.[61] 많은 영어권 학자들은 이러한 언어학적 모델이 아프리카계 미국인들의 종교, 음악, 주거, 의복, 요리의 발전을 연구하는 데 적합할 수 있다고 제안했다. 그들은 17세기 자메이카와 같이 특정한 시공간의 문화적 수렴 과정을 연구하면서, 기존의 문화 형태들의 혼합으로부터 생겨난 새로운 문화 형태를 설명하기 위해 '크레올화'라는 용어를 다시 사용했다.[62]

이러한 지적은 서로 다른 아프리카 문화들이 토착 전통이나 포르투갈 전통과 병합되고 혼합되어 새로운 질서를 생산했던 브라질에도 적용될 수 있다. 또한 영어권 세계와는 달랐던 스페인어권 아메리카에 대해서도 유사한 지적이 가능하다. 아르헨티나인 호세 루이스 로메로(José Luis Romero, 1909~1977) 같은 역사학자들은 스페인 식민지 시대에 스페인 정착민의 자손들이 토착 생산물이나 풍습을 차용했던 방식을 '크레올화되다(acriollarse)'이라는 용어로 지칭했다. 실

제로 로메로는 라틴아메리카 도시들을 다룬 그의 저서에서 장 하나를 '크레올 도시들'에 할애했다.[63]

크레올화의 개념은 유럽의 문화나 학문 분야를 논의할 때 보다 폭넓게 사용되기에 이르렀다. 심지어 과학사에서도 이 용어를 사용한 논의가 이루어지기 시작했다. 예를 들면 한 연구에서는 20세기 물리학계의 여러 '하위문화권' 사람들(예를 들어 실험연구자와 이론가)이 과학적 피진어나 과학적 크레올어라고 표현할 만한 혼합 언어로 소통하는 모습을 다룬다.[64]

이러한 연구에서 언어는 은유가 아닌 모델로서 기능하고, 이 모델은 의식적이고 체계적으로 사용되는 동시에 특정한 방식으로 어휘와 문법 혹은 어휘와 심층 구조(deep structure)★ 사이의 차이를 활용한다. '수렴'이라는 개념은 본래 그것을 만들어낸 언어학 영역뿐 아니라 외부 영역에서도 유용한 것으로 밝혀졌다.[65] 예를 들어 허스코비츠는 신대륙에서의 아프리카 신과 가톨릭 성인 간의 '수렴'에 관해 쓰면서, '혼합'이나 '혼합주의'와 같은 개념 속에 들어 있긴 하지

★ 언어학에서 '심층구조'란 어떤 한 문장의 생성을 밑받침하고 있는 내부적인 특성을 가리킨다.

만 명확하지는 않은 '과정의 개념'을 강조한다. 바스티드는 동일한 상황을 묘사하며 '상호접근(rapprochements)'에 관해 쓴 바 있다.[66]

문화 번역이라는 개념의 성공은 언어학적 전환과 연결되어 있다고도 볼 수 있는데, 특히 클로드 레비-스트로스(Claude Lévi Strauss, 1908~2009)부터 클리포드 기어츠에 이르기까지 많은 인류학자들이 오랫동안 선호한 은유인 텍스트로서의 문화 개념과 연결된다. 프랑스 구조주의 비평가 롤랑 바르트(Roland Barthes, 1915~1980)는 덴마크의 언어학자 루이 옐름슬레우(Louis Hjelmslev, 1899~1965)의 개념을 차용하여 의복의 언어를 분석했다. 러시아인 기호학자 유리 로트만(Juri Lotman, 1922~1993)은 자신이 일상의 '시학'이라고 칭한 것을 구축했다. 폴 리쾨르는 "텍스트로서 고려될 수 있는 의미 있는 행동"에 관해 저술한 바 있다.[67] 이러한 은유는 명쾌하지만 위험하다. 우리는 유사성뿐만 아니라 비(非)-유사성에 대해서도 생각할 필요가 있으며, 문화가 텍스트와 구별되는 방식을 찾아야만 한다. 우리는 문화 번역이란 개념을 차용했을 때 불명확해지거나 상실되는 것이 무엇인지를 되물어야만 한다.

이 장을 정리해보자. 여전히 이 책의 주제인 여러 과정들을 기술하고 분석하는 데 사용되는 용어와 개념들은 너무나 많다. 하지만 우리가 ('전유'나 '문화 번역'의 경우처럼) 인간 행위주체와 ('혼종화'나 '크레올화'의 경우처럼) 행위주체들이 인식하지 못하는 변화 모두를 공정하게 다루기 위해서는 몇몇 용어와 개념만 있으면 된다. 대안적 개념의 인식은 개념과 그 개념을 도구 삼아 분석하는 세상을 혼동할 위험을 막아준다.

3
각양각색의 상황

문 화 혼 종 성

◆

 다양한 종류의 개념들을 계속해서 사용하는 이유 중 하나는 서로 다른 상황과 맥락, 장소에서 벌어지는 문화적 만남들을 제각기 분석하려면 적합한 어휘가 필요하기 때문이다. 이 책 앞의 인용문(7쪽)이 드러내듯, 모든 문화가 혼종적이고 혼종화의 과정이 항상 벌어진다는 점은 분명한 사실이다. 그럼에도 어떤 문화는 다른 문화보다 더욱더 혼종적이다. 문화적 만남의 결과로서 매우 격렬한 혼종화가 일어나는 순간 또한 존재한다.
 이러한 순간을 지나면 일종의 안정화가 이뤄지는데, 이를 통해 전통적 혼종 문화는 또 다른 만남이나 혼종화의 물결이 생겨날 때 새로운 혼합물에 맞서 보존될 수 있다. 이러한 현상의 유명한 사례로는 19세기의 남미, 그 중에서도 아르헨티나와 브라질을 들 수 있다. 당시 새롭게 등장한 이탈리아 이민자들의 물결은 (아르헨티나에서는 스페인인과 아메리카 원주민들이, 브라질에서는 포르투갈인과 아메리카 원주민, 그리고 아프리카인들이 형성했던) 기존의 문화적 평형을 위협했다.

혼종화의 지리학과 연대기 뒤편에는, 여태까지 거의 탐구되지 않은 사회학 또한 존재한다. 일부 개인과 집단은 다른 이들에 비해 문화 간 만남에 더 많이 참여한다. 인도의 영국인들에 대해서, "영국의 정복과 지배가" 영국적 가치들과 유사하거나 양립할 수 있는 "전통 인도 사회 내부에 잠재해 있던 경계성 혹은 소수자성을 결집시켰다"는 주장이 제기되었다.[1] 이 책의 다른 곳에서는 '수렴'이라 불렀던 이 사례는 서로 다른 문화적 만남들이 왜 격렬한 혼종화 현상을 불러일으키는지를 설명하는 데 유용하다.

특정 시기와 사회 집단들을 구분하는 것 이외에도, 우리는 평등한 부딪힘과 불평등한 부딪침, 전유의 전통과 저항의 전통, 그리고 메트로폴리스부터 경계 지역까지 아우르는 만남의 장소들 사이를 구분할 수 있을 것이다.

평등과 불평등

평등한 권력을 가진 이들 간의 문화적 만남과 불평등한 이들 간의 문화적 만남은 이야기가 매우 다르게 전개된다. (예를 들어 마테오 리치 같은) 중국에서 활동한 가톨릭 선교사와 멕시코, 페루, 브라질 등지에서 활동한 동료 선교사의 접근 방식 사이에는 현저한 차이가 있다. 중국에서 활동한 선교사의 수는 매우 적었다. 따라서 문화적 '차용자'들은 '대여자'들에 비해 유리한 상황이었다. 유럽인 선교사들은 자신의 청자들을 설득해야만 했고, 따라서 그들이 청자와 만날 수 있는 일종의 절충 지대를 형성하기 위해서 스스로 토착 문화에 적응해야 했다. 예수회 선교사들은 (사도 바울로부터 [예수회의 창설자인] 이그나티우스 로욜라가 차용한) "어떤 사람을 대하든지 그들처럼"*이란 신조를 따라 매우 효과적으로 지역 문화에 적응하여, 심지어는 중국인들에 의해 개종된 것이 아니냐는 비판을 받기도 했다.²

★ 『공동번역 성서』, 「고린토인들에게 보낸 첫째 편지」, 9장 22절.

반면에 멕시코와 페루의 선교사들은 원주민들에게 기독교를 강제하기 위해 무력 혹은 무력을 가하겠다는 위협을 사용할 수 있었다. 스페인과 포르투갈 치하의 식민지 아메리카 대륙에서 문화적 교류는 평등하게 이뤄지지 않았다. 비록 식민지 개척자들이 담배부터 해먹에 이르는 다양한 토착 문화의 물품을 점진적으로 차용하는 것 같은, 일부 학계에서 '역(逆) 문화 변용'이라고 칭하는 사례들이 있지만, 대부분의 경우에는 대여자가 주도권을 갖고 있었다.[3]

　기독교와 아프리카 종교 간의 상호작용의 경우, 두 가지의 매우 상이한 상황을 구별할 필요가 있다. 첫 번째는 아프리카인 지배자들이 기독교를 수용한 상황이다. 선교사들은 그들을 개종하는 데 성공했다고 믿었지만, 지배자들은 전통 종교에 새롭고 강력한 풍습을 결합시킨 것으로 판단했을 뿐이라는 증거가 존재한다. 양측은 서로의 차이를 부분적으로 인지했지만 그에 대해 언급하거나 생각하는 것을 꺼림으로써, 공개적인 충돌을 피하게 해주는 '실용적인 오해'를 형성했다고 볼 수 있다.[4]

　이러한 상황은 아메리카 대륙의 아프리카 노예들의 상황과 비교될 수 있다. 그들은 때때로 겉으로는 기독교에 순응하는 척하면서 자신들의 전통적 믿음을 유지했다(특히 아메리카 대륙으로 강제 이주된 1세대 아프리카 노예들이 그러했다). 오군이나 샹고, 이에만자를 가톨릭의 유사한 신으로 '번역'한 행위는, 처음에는 신대륙에서 노예들이 아프리카 컬트종교를 유지할 수 있게 해주는 위장 수단이었을 것이다. 하지만 의식적인 방어 체계로 시작했을 것이 결국 수세기에 걸쳐 점차 다른 무언가로 발전했다.

  브라질의 일부 지역에서 믿는 '칸돔블레'라는 이름으로 알려진 컬트종교를 생각해보자. 이는 본래 서아프리카에서 발원한 요루바족의 컬트종교로부터 시작해서, 새로운 환경 속에서 의식적으로 혹은 무의식적으로 변화했다. 한 예로 사제의 중요성은 점점 덜해졌고, 개인들마다 각자의 오리샤(orixá)* 혹은 신(god) — 이는 브라질에서 때때로 산토(santo)라고 번역되며 아프리카 컬트종교와 가톨릭교의 상호침투를 드러낸다 — 을 가졌다. 어찌됐든 "거의 모든 칸돔블레 신도들은 자신이 올바른 가톨릭 신자라고 생각했다."[5] 한 컬트종교 지도자는 자신을 방문한 인류학자에게 이렇게 말

★   요루바족의 신앙에서 믿는 일종의 정령들을 가리킨다. 최고신 올로두마레(Olodumare)의 전령 역할을 하며, 오리샤마다 다양한 특성들을 지닌다.

했다. "나는 여느 브라질인처럼 가톨릭 세례를 받았다. 하지만 나는 오리샤들을 섬기기도 한다. 어찌됐건 하느님(God)은 오직 한 분만이 존재한다."[6]

우리는 성인과 오리샤 간의 동일성을 강조하면서 '혼합주의'에 관해 이야기할 수 있을 것이다. 반면에 개별 신자의 관점에서 보면, '다원주의'라는 용어가 서로 다른 상황에 따라 두 개의 컬트종교를 따르는 양상을 보다 정확하게 기술한다. 프랑스 사회학자로서 아프리카계 브라질 문화 전문가인 로제 바스티드는 이 맥락에서 "구획화의 원칙(principe de coupure)"이라는 개념을 제시하면서, 아프리카계 브라질인들이 여느 영역보다도 종교적 실천의 영역에서 가장 아프리카적이라고 언급했다(그는 '구획들[compartiments]'이란 용어도 사용한다).[7]

이러한 개념은 이중언어 구사자들이 각기 다른 상황에 따라 언어를 바꿔가며 구사하는 것을 기술하는 '코드 변환(code-switching)'이란 언어학적 개념과 명백한 유사성을 띤다. 하지만 언어학자들은 그들이 '방해(interference)'라고 부르는 과정에도 또한 주목한다. 이중언어 구사자들은 대체적으로 자신이 구사하는 두 언어를 완벽하게 분리하거나 격리하는 데 어려움을 겪으며, 이 두 언어는 서로에게 영향을 미치거나 서로 혼성될 수 있다. 이 점을 일반화해서 말하자면, 다원주의가 혼종화 과정을 촉진한다고 말할 수 있다.

전유의 전통

둘째로 전유와 적응의 전통, 즉 전통을 개조하는 전통이 강한지 혹은 약한지의 구별은 유익할 것이다. 예를 들어 힌두 문화는 이슬람 문화에 비해 이질적인 요소들과 더 잘 결합하는 편이다. 일본 또한 전유의 전통을 보여주는 훌륭한 사례다. 19세기 중반부터 현재에 이르기까지 일본인은 서양의 문화적 산물들을 매우 수월하게 차용해왔다. 그들은 영국에서 국회 체계를, 독일에서 대학과 군사 체계를 차용했고, 미국의 물질 문화 대부분을 빌려왔다. 만약 일본에 오랜 [전유와 적응의] 전통이 없었다면, 1850년 이후에 [서양 문물을] 차용한 속도는 매우 느렸을 것이다.

일본인은 이미 8세기부터 18세기까지 수많은 문화적 전통을 차용하고 채택했다. 그 대부분은 중국에서 온 것이었다. 일본인은 인도가 아닌 중국 형식의 불교를 받아들였고, 어형변화가 없는 중국어와는 달리 수많은 어형변화로 이루어진 자국어를 쓰는 데도 불구하고, 중국의 한자 체계를 받아들였다.[8] 황실정부 체제 또한 비록 12세기에 들어 사무라

이와 쇼군(將軍)의 지위가 높아지면서 중요한 부분들이 수정되긴 했지만, 본래 중국으로부터 빌려온 것이다.

서구인들은 16세기에 처음 일본과 접촉했을 때, 일본인이 기독교부터 총포에 이르기까지 새로운 생각과 문물에 관심이 아주 많다는 사실을 깨달았다. 따라서 17세기 초 일본 정부의 악명 높은 쇄국 정책과 외세의 침투를 단절하려는 시도에도 불구하고(스페인인은 1624년에, 포르투갈인은 1638년에 추방당했다), 일본은 '열린' 전통을 갖고 있었다. 이러한 단절과 고립 혹은 (일본어로 '사코쿠[쇄국, 鎖国]'라고 하는) '격리'는 사실 기독교의 빠른 전파에 대한 반응이었다.

모든 문화들이 그러한 것처럼 문화적 교류에 더욱 호의적인 특정 지역 또한 존재한다. 메트로폴리스와 경계 지역이 대표적인 경우이다.

3 각양각색의 상황

메트로폴리스와 경계 지역

문화와 문화의 만남, 보다 정확히는 서로 다른 문화에서 온 사람들 간의 만남이나 한 문화에서 온 사람과 다른 문화에서 온 사물의 만남은 특정 장소에서 더욱 격렬할 수 있는데, 이러한 장소를 '접촉 지대(contact zone)' 라 한다.[9] 우리는 과학사학자 피터 갤리슨(Peter Galison)이 그가 20세기 물리학의 '하위문화들'*라고 부르는 것에 대한 연구에서 사용한 '교역 지대(trading zone)'란 표현을 빌려, 문화적 교류가 이루어지는 상황에 대해 은유적으로 언급할 수 있다. 그의 표현에 따르면 이러한 지대는 "서로 다른 두 집단이 공통 기반을 찾는" 공간으로, 정보의 산물이 교환되는 공간이다. 비록 넓은 의미에서 무엇이 교환되는가에 대해서는 서로 의견이 일치하지 않더라도 말이다.[10] 교류가 각 당사자에게 다른 의미일 수 있다는 점은 다른 연구 영역에서도 반복해서 등장하

★ 갤리슨은 실험, 기구, 이론이 과학의 '하위문화'를 이룬다고 보고, 각각이 상대적으로 독립적인 '삶'을 지니고 상호작용을 한다고 말한다.

는 지적인데, 특히 앞서 논의된 '실용적인 오해'의 경우처럼 종교 개종에 대한 연구에서 두드러진다.

이러한 용어들이 지닌 문자 그대로의 의미에서 장소나 현장을 고려하는 것도 유익하다. 교류가 일어나는 주요한 장소 중 하나는 다양한 출신의 사람들이 만나고 교류하는 상업과 문화의 교차로인 메트로폴리스이다. 뉴욕, 런던, 라고스, 로스앤젤레스, 뭄바이(봄베이), 상파울루는 명백한 현대적 사례이다. 잠시 중세 시대로 돌아가보면, 앞서 다뤘던 리비우 시에 위치한 건물들의 혼종적 건축 양식을 설명하기 위해서는 그 도시가 서유럽과 흑해 지역 사이의 상업을 중개했다는 점에 주목해야 한다.

문화적 만남의 장소로서 항구의 중요성은 매우 크다. 15세기 베니스, 16세기 리스본과 세비야, 17세기 암스테르담 등등이 그 예가 될 수 있다. 17~18세기 들어 나가사키와 광저우의 항구는 유럽과 아시아 사이의 문화적 교류에 있어서 중요한 장소였다. 심지어 항공의 시대에도, 유럽과 아프리카의 음악 전통이 만나는 장소인 20세기의 뉴올리언스와 리버풀의 중요성은 매우 명백하다.

메트로폴리스를 중요한 문화적 교류의 장소로 만들고 유지될 수 있게 하는 것은 그곳에 사는 각양각색의 이민자 집단들이다. 르네상스 시대의 베네치아는 독일인과 그리스인, 유대인, (주로 달마티아 지방에서 온) 슬라브인, 터키인들이 살았다. 근대 초기의 리스본에는 프랑스인, 독일인, (보통 갈리시아 지방 출신의) 스페인인, 아프리카인 소수 집단들이 있었다. 17세기 암스테르담에는 남부 네덜란드인, 독일인, 스칸디나비아인, 유대인, 터키인들이 살았다. 18세기 상트페테르부르크에는 핀란드인, 타타르인, 독일인, 유대인, 스웨덴인, 이탈리아인 등등이 살았고, 18세기 캘커타[오늘날의 콜카타]에서는 거리에서 벵골어, 힌두스타니어, 페르시아어, 영어뿐만 아니라 포르투갈어, 아랍어, 아르메니아어까지 들을 수 있었다.

오늘날 런던이나 파리, 뉴욕이나 로스앤젤레스의 이민자들이 그러하듯, 이들 집단은 때때로 자신들끼리 뭉치고, 함께 일하고, 집단 내부 사람들과 결혼하고, 일종의 도시마을(urban village)이라 할 만한 도시의 특정 지역에 살며, 자신의 언어와 정체성을 유지하고자 노력했다. 이러한 시도에도 불구하고 앞서 언급된 대부분의 집단들은 그 도시 지역의 문화에 점진적으로 동화되었으며, 이 과정에서 각 집단들은 그 혼합된 문화에 새로운 무언가를 추가했다. 이러한 이유로 일부 학자들은 "메스티소 도시"라는 표현을 사용한

다.¹¹

도시의 언어는 종종 이러한 면을 생생하게 그려낸다. 뭄바이(봄베이)의 거리 언어는 최근에 "힌두어, 마라티어, 영어의 혼합에 타밀어와 구자라어 조각들이 첨가된" 언어라고 묘사되었다.¹² 누군가는 이 언어를 '봄베이 믹스'라고 부르는데, 이는 병아리콩 가루로 만든 면과 렌즈콩과 땅콩이 들어 있는 매운 간식인 체브다(chevda)의 영문 명칭이다. 이 말은 이미 음악 양식을 설명하기 위해 전유된 적이 있다.

교류와 혼종화를 선호하는 또 다른 장소는 경계 지역이다. 유명한 문화적 경계의 한 예는 동유럽의 기독교 국가와 이슬람 국가 간 국경 지대이다. 16~17세기 동안 폴란드나 헝가리의 귀족들은 터키인과 주기적으로 전투를 치렀기 때문에 십중팔구 그들을 증오했을 것이다. 그럼에도 불구하고 그들이 카프탄 옷을 입고 서구 전통의 직선 검 대신 곡선 모양의 언월도를 사용했기 때문에,* 서방 이웃의 관점에서는 그들도 터키인처럼 보였다. 이 귀족들은 기독교 신앙을 내세우며 터키인과 다르다고 스스로를 정의했다. 하지만

★ 카프탄은 터키 남자들이 입는 셔츠 모양의 기다란 상의이고, 언월도는 터키나 아라비아 사람들이 쓰는 초승달 모양의 큰 칼을 가리킨다.

3 각양각색의 상황

동시에 17세기 폴란드인들처럼 서유럽 복식을 따르길 거부하거나 버리고, 당시 '사르마티아적'이라고 묘사되던 자신의 전통으로 회귀함으로써 스스로를 정의하기도 했다(당시 몇몇 학자들은 폴란드인을 오늘날 이란이 위치한 곳에서 동유럽으로 이주하여 로마제국을 위협했던 사르마티아인의 후예라고 생각했다). 오스만과 합스부르크 간 경계의 양쪽 지역에는 공통된 서사시와 민요 전통이 존재했다. 여기에는 마르코 크랄리에비치(Marko Kraljevic) 같은 동일한 영웅들이 등장하고, 기독교도와 이슬람교도 간에 벌어진 동일한 전쟁에 관한 이야기와 노래들도 있다. 물론 기독교도가 한편에서는 승리자로, 다른 편에서는 패배자로 이야기되긴 했지만 말이다. 뛰어난 터키인 역사학자 할릴 이날즉(Halil İnalcık)이 말했듯이, 이와 같은 경우에는 이스탄불이든 빈이든 간에 서로 대항하는 중심부들과는 대비되는 경계 지역의 공통 문화에 관해 언급하는 것이 온당해 보인다.[13]

후기 중세 시대의 스페인은 물질 문화와 사회 풍습의 영역에서 기독교인, 유대인, 무어인 간의 문화적 교류와 그로 인한 혼종적 생산이 장기간 지속됐던 경계 지역으로, 특히 최근 몇 년 동안 이상하리만치 인기리에 연구되고 있는 곳이다.[14] 교회를 비롯한 건물들이 이슬람교도 장인들에 의해 모스크를 연상시키는 기하학적 양식으로 장식되었을 뿐 아니라, 스페인어에서 아랍어로 혹은 아랍어에서 스페인어로 번역된 시들 또한 존재한다. 현대 스페인어에서도 이 시기에 침투된 아랍어 어원의 단어들이 많이 사용되고 있다. 또한 스페인어가 아랍 문자로 적히기도 했고, 아랍어 텍스트가 라틴 알파벳을 사용하기도 했다.[15]

코즈모폴리턴 도시와 마찬가지로 이러한 경계 지역은 문화 간 교차로를 뜻하는 '상호문화(intercultures)' 개념으로 설명될 수 있을 것이다. 이곳에서의 혼합 과정은 우리가 이를 '크레올'이라고 부르는지, 부르지 않는지에 상관없이 새롭고 개성적인 어떤 것을 창조해낸다.[16]

문화로서의 계급

만남, 교류, 번역과 같은 개념은 문화 간 상호작용뿐만 아니라 한 문화 내부에서의 상호작용을 논의할 때도 유익하다. 예를 들어 E. P. 톰슨(Edward P. Thompson, 1924~1993)과 피에르 부르디외(Pierre Bourdieu, 1930~2002)가 했던 널리 알려진 계급 연구에서, 두 학자 모두 중산계급과 노동계급 간의 문화적 상호작용이 모방과 거절 중 어떤 형태를 띠는지에 대해서는 별다른 언급을 하지 않았다고 주장할 수도 있을 것이다.[17] 19세기 독일의 귀족과 부르주아들의 사례를 생각해보자. 이 당시에 의사와 변호사, 교수, 언론인, 공무원들이 결투를 벌였다는 사실은 잘 알려져 있다. 사회학자 노르베르트 엘리아스(Norbert Elias, 1897~1990)는 이러한 현상이 상위계급의 모델이 중간계급에게도 매력적으로 여겨졌다는 점을 밝혀준다고 보았다. 이는 문화의 낙수효과(trickle-down effect)*의 또 다른 사례로서, 엘리아스가 자신의 다른 저서에

★   원래 경제학에서 쓰던 용어로서, 넘치는 물이 바닥을 적시듯이, 대

서 강조하고자 했던 사회 전반에 대한 궁정의 영향력을 보여준다. 그는 이러한 주장을 통해, 마르크스주의가 근대 문화의 탄생에서 시장의 힘이 미친 영향력을 강조하는 것에 맞섰다.

반면에 그보다 젊은 독일인 역사학자 우테 프레베르트(Ute Frevert, 1954~)에게 중산계급의 결투는 중산계급의 자유와 자존감의 증가를 증명하는 증거이다. 만약 그녀의 주장이 옳다면, 이 결투는 문화적 전유와 변형의 훌륭한 사례를 제공한다. 일부 부르주아들이 귀족의 무기를 역으로 귀족에게 들이댄 경우가 그 예이다.[18] 여전히 문제는 남는다. 과연 어떻게, 무슨 근거로 이러한 상이한 해석들 사이에서 결론을 내릴 수 있을 것인가?

어찌됐건 문화사나 역사 일반에 대한 문화적 접근이 증가함에 따라, 사회 분석의 전통적인 핵심어였던 '계급'이 문화연구에서 전유된다는 점은 흥미로운 사실이다.[19]

기업이나 고소득층의 경제적 성과가 늘어나면 중소기업이나 저소득층에도 혜택이 돌아가 총체적으로 경기가 활성화되는 효과를 말한다. 여기서는 상류층의 문화가 그 아래 계층에게 영향을 미치는 것을 가리키기 위해 비유적으로 사용되고 있다.

4
각양각색의 반응

◆

교류가 [문화적] 만남의 결과라면, 교류의 결과는 무엇일까? 문화적 '수입물' 혹은 '침략'에 대한 반응으로 나타난, 실행 가능한 전략, 모델 혹은 시나리오는 네 가지로 구분할 수 있다. 용인(acceptance, 특히 외래 문화의 유행), 거부(rejection, 저항[resistance]과 정화[purification]를 둘 다 취하는 형태), 분리(segregation), 적응(adaptation)이 그것이며, 이 각각의 반응을 보여주는 관련 증거들도 매우 많다.

외래 문화의 유행

첫 번째 가능한 전략은 용인 혹은 환영의 전략이다. 가장 극단적인 경우는 외래 문화의 유행이라 할 수 있다. 예를 들어 르네상스 시대의 이탈리아 숭배(Italophilia)는 17세기에 이르러 프랑스 숭배(Francophilia)로 이어졌고, 18~19세기에는 프랑스, 이탈리아, 독일에서부터 러시아와 브라질까지 뻗어나갔던 열광적인 흐름인 영국 숭배(Anglomania)가 나타났다.[1]

보다 일반적으로는, 19~20세기 전세계 문화사의 중요한 부분이 '서구화'라는 용어로 기술된다. 이는 러시아, 오스만 제국, 일본, 중국을 비롯한 많은 국가에서의 외래 문화 유행과 그에 대한 반작용을 포함한다. 물론 이러한 움직임에 가장 열광적으로 반응했던 집단과 개인을 파악하고, 그들의 서로 다른 동기를 구분할 필요가 있다. 어떤 이들은 이 서구의 '무기'를 이용해 서구에 대항하고자 했지만(표트르 대제[Pyotr the Great, 1672~1725]와 청년투르크당[Young Turks]에게 이는 말 그대로의 무기와 은유적인 무기 모두를 의미했다), 일부 젊은

세대들은 기성세대에게 저항하기 위해 서구의 것을 받아들이기도 했다.[2]

예를 들어 19세기 초 브라질에서는 언론인 겸 신부인 미겔 로페스 가마 신부가 자신이 문화의 '런던화'라고 부르던 현상을 비판했다.[3] 19세기 리우데자네이루의 상류층 남성들이 입던 유럽식 정장은 외래 문화 유행의 생생한 사례를 제공한다. 이 남성들은 자신이 육체노동에서 면제된 유한계급이라는 사실을 드러내고 일반인과 자신들을 구별하기 위해, 그리고 무엇보다도 온대 지역의 '문명화'된 가치들에 대한 헌신을 드러내기 위해, 섭씨 40도에서도 모직으로 만든 옷을 입은 채 땀을 흘렸다. 브라질인 비평가 호베르투 슈워츠(Roberto Schwarz)가 말하는 "노예제에 기초한 브라질 사회와 유럽 자유주의 사상의 차이"에도 불구하고, '영국 숭배'는 정치계까지 확장되어 영국 의회의 모방으로 이어졌다. 이는 슈워츠로 하여금 "잘못 배치된 생각(misplaced ideas)"이라는 유명한 개념을 고안하게끔 만들었다.[4]

이러한 유행은 문화사학자가 진지하게 받아들일 만한 연구 대상으로서, [현상에 대한] 기록뿐만이 아니라 분석과 해명을 할 가치가 충분히 있다. 20세기 미국적 양식의 매혹처럼, 16세기 유럽 각 지역에서의 이탈리아 양식의 인기는, 이탈

4 각양각색의 반응

리아인이 유럽 전역에서 일어난 사회적 변화에 누구보다도 민첩하고 창조적으로 반응했다는 사실을 일정 정도 인정했다는 의미였다. 당시 이탈리아의, 특히 피렌체의 사람들은 (마치 1950년대 미국에서처럼) '내일이 이미 여기에 있다'는 식의 말을 했을 것이다.

하지만 역사학자들은 문화적 교류를 관용과 개방적 사고의 반영으로만 간주하는 경향에 저항해야 한다. 콘비벤시아(convivencia)★라는 중세 후기 스페인에서의 문화적 상호작용이, 소수 민족이 학살되고, 개종을 강요당하며, 종교재판관들이 몰래 이슬람교나 유대교를 믿던 모리스코(morisco)와 마라노(marrano)★★들을 찾아내 박해하던 시대에 이뤄졌다는 점을 잊어선 안 된다. 다시 말해 문화적 '화합' 혹은

★ '공존'을 뜻하는 스페인어로, 이슬람 세력이 이베리아 반도를 통치했던 711년부터 1492년까지 기간을 가리킨다. 이 시기 동안 이슬람교도, 유대인, 기독교도는 비교적 평화롭게 공존하며 상호영향을 미쳤다. 이슬람 통치가 시작되던 시절부터 이어져온 스페인 기독교 세력의 국토회복운동이 성공을 거두어 1492년 이슬람 세력의 최후의 보루였던 그라나다까지 탈환하면서 이 시기는 막을 내리며, 이때부터 대대적인 이슬람교도·유대인 박해와 추방이 이루어졌다.
★★ 중세 스페인과 포르투갈에서 기독교로 개종한 무어인을 모리스코라고, 기독교로 개종한 유대인을 마라노라고 불렀다.

전유는 사회적 불화와 명백한 관련을 맺고 있으며, 이는 특히 흑사병으로 인한 충격으로 이 재난의 책임을 물을 희생양을 사냥하기 시작됐던 1348년 이후에 더욱 그러했다.[5] 앞서 언급한 이웃 이슬람 문화의 산물을 전유했던 폴란드와 헝가리의 귀족들의 경우에 대해서도 이와 유사한 지적을 할 수 있다.

이러한 화합과 투쟁의 공존을 어떻게 설명할 수 있을까? 묻기는 쉽지만 답하기는 어려운 이 핵심적인 질문은 의미에 대한 질문이기도 하다. 오늘날의 역사학자들이 공통 유산으로 간주하는 것들을 당시 기독교인이나 이슬람교인들은 '자신들만의' 것이라고 생각했을 가능성은 충분하다. 스페인이나 폴란드 지역의 기독교인들은 아마도 다른 기독교인들이 기하학적 장식이나 언월도의 사용을 이슬람의 것으로 받아들였다는 사실을 잊어버렸던 것일 수도 있다. 오늘날 '터키식 커피'라는 단어에 반대하는 그리스인들 또한 커피 제조가 이슬람 세계(15세기의 예멘)에서 기원했고 이스탄불에서 사방으로 퍼졌다는 널리 알려진 역사적 사실을 잊어버리기로 결심했을 수도 있다.

저항

차용으로 인해 발생하는 문제들은 우리가 두 번째 전략을 고민하도록 이끈다. 그것은 침략에 대항하여 문화적 경계를 사수하는 저항의 전략이다.[6]

때때로 문화적 정체성은 자신과 반대되는 것에 의해 정의되곤 한다. 레비-스트로스가 이분법적 사고의 중요성을 강조하기 훨씬 이전인 17세기에 러시아를 여행했던 통찰력 있는 영국인 외과의사 새뮤얼 콜린스(Samuel Collins)는 이미 이를 지적한 바 있다. "그들[러시아인들]이 기도할 때 서 있는 이유는 로마 가톨릭교도들이 기도할 때 무릎을 꿇기 때문이다. […] 그들이 수염을 깎는 것을 죄라고 생각하는 이유는 폴란드인들이 수염을 깎기 때문이다. 그들이 고기 중에서 돼지고기를 가장 즐겨먹는 이유는 타타르인들이 돼지고기를 혐오하기 때문이다."[7]

르네상스 시대에 수많은 유럽 국가의 엘리트들에게서 뚜렷이 나타난 이탈리아 숭배는 그에 대한 반발인 이탈리아 혐오(Italophobia)의 물결을 불러일으켰다. 예를 들어 스페인의 시인 가르실라소 데 라 베가(Garcilaso de la Vega)와 후안 보스칸(Juan Boscán)은 모국의 전통을 버린 채 이탈리아 양식으로 시를 썼다고 비난받았다. 포르투갈에서는 [화가이자 인문주의자였던] 프란시스쿠 드 올란다(Francisco de Holanda)가 이탈리아식 옷을 입은 악마로 묘사되었다.[8]

17세기에는 프랑스인이 지역 전통의 순수성을 지키려는 '토착문화 보호주의자(nativist)'들에게 분노의 표적이 되었다. 17세기 중반 독일에서는 프랑스어 단어들의 언어 침략에 대한 비판이 ― 특히 (칭찬[compliment], 용감한[gallant], 유행[mode] 같이) 긍정적인 행동과 관련된 단어의 영역에서 ― 매우 격렬하게 이뤄졌다. 언어학회들이 언어 순수성의 방어를 주요한 이상 중 하나로 내세우며 설립되었다. 이러한 언어 운동은 의복부터 요리에 이르는 외국식 문화 모델(철학자 크리스티안 토마지우스[Christian Thomasius, 1655~1728]는 "프랑스인에 대한 모방[Nachahmung der Französen]"이라 불렀다)에 대한 보다 일반적인 반작용의 일부였다.[9] 외부의 사상이나 산물에 유독 포용적인 문화가 있는가 하면, 어떤 문화는 이상할 정도로 저항적인데, 이는 아프리카의 다음 두 사례가 잘 보여준다. (앞서 이야기한 치누아 아체베를 포함하여) 여러 저명한 아프리카인 소설가를 배출한 나이지리아의 이그보족은 브라질인과 일본인처럼 낯선 것에 대해 환영하는 태도로 유명하다. 이와 대조적으로 케냐 서부의 파코트족(Pakot)은 변화에 대한 저항과 자신들의 전통에 대한 애착으로 악명 높다.[10] 유럽이나 아시아에서 어느 문화가 가장 파코트족과 유사한지 질문해보는 것은 유익한 일일 것이다.

전체 역사 중 일부 시기, 적어도 1492년 유대인과 이슬람교도의 축출 이후만을 고려한다면, 이 질문에 대한 가장 명백한 답은 '스페인'이다. 16세기 중반 [스페인의] 공식적인 쇄국 시도는 앞서 언급된 일본의 쇄국과 별반 다르지 않았다. 1558년부터 공식 허가 없이 외국 책을 반입한 사람은 사형에 처해질 수 있었다. 1559년 펠리페 2세는 스페인인이 이탈리아의 볼로냐와 로마, 나폴리를 제외한 외국으로 유학 가는 것을 금지했다([이탈리아에 있는] 파도바 대학조차도 위험한 곳으로 간주되었는데, 자유와 파격의 중심으로 널리 알려진 베니스와 가까웠기 때문이다). 스페인에서 공표한 '금서 목록'은 전체 가톨릭 교회에서 지켜야 했던 '로마 목록'보다 더 가혹했다. 그래서 몽테뉴(Michel de Montaigne, 1533~1592)의 에세이들은 스페인의 '금서 목록'에는 1640년에 포함되었지만, '로마 목록'에는 1676년이 되어서야 포함되었다.

(아메리코 카스트로의 묘사를 통해 널리 알려진) 기독교, 이슬람

교, 유대교의 세 문화가 공존하고 상호작용했던 위대한 시대였던 중세 후기 스페인과 17~18세기 스페인 사이에는 정말로 두드러진 차이가 있었다. (일본에서 기독교의 경우처럼) 당시 관리들이 억압적인 정책을 펼친 이유가 일반인들의 포용력과 문화적 관용성 때문일 수 있다는 주장이 제기되었다.[11]

일본은 1630년대부터 1860년대까지의 쇄국 정책의 결과로 인해, 미국의 문학사가 도널드 킨(Donald Keene)의 유명한 말처럼 "벽 안의 세계"로 존재했으며, 그래서 "이 시기의 문학은 외국 사례에 대한 참조 없이 발전했다."[12] 고립이 창조력을 감퇴시키지는 않았다는 점은 부언되어야 한다. 이 시기 중 '겐로쿠(元禄) 시대'(1688~1704)는 이하라 사이카쿠(井原西鶴, 1642~1693)의 소설과 이야기, 지카마츠 몬자에몬(近松門左衛門, 1653~1725)의 희곡이 탄생한 일본 문학의 황금기였다.

파코트족과 매우 유사한 문화적 저항의 주목할 만한 또 다른 두 사례로, 이슬람교도의 인쇄 거부와 일본인의 총기 거부가 있다. 이는 특히 기술적 진보를 믿는 이들이 주목할 만한 사례들이다.

인쇄에 대한 저항의 근본 원인이, 외국의 새로운 소통 수단이 직접 만나 지식을 전달했던 기존의 이슬람 전통 체계를 위협했기 때문이었다는 주장은 그럴듯해 보인다.[13] 어쨌든 초기 근대 세계에 존재했던 거대 이슬람 제국들(오스만제국, 페르시아제국, 무굴제국)이 모든 서구의 혁신적 산물에 저항한 것은 아니다. 그들은 '화약 제국'이란 칭호를 얻을 정도로 총포를 열광적으로 받아들였다. 반면에 인쇄는 기술이라기보다는 위협으로서 인식되었다.

일본인(특히 군사 지도자였던 오다 노부나가[織田信長, 1534~1582])도 역시 16세기에 처음 총기를 대면했을 때는 매우 열광적이었다. 노부나가는 자신의 군대를 위해 500정의 총기를 주문했다. 그런데 이 새로운 기술은 17세기에 이르러서 거부당했다. 군사 지배계급이던 사무라이들이 총기가 자신들의 윤리관과는 적합하지 않다고 여겼기 때문이었다. 칼은 중세 기사보다도 사무라이에게 더 커다란 상징적 가치를 지닌 듯 보인다.[14]

열린 전통과 닫힌 전통 간의 대조는 수용성의 차이를 설명하는 데에 흥미로운 문제를 제기한다.[15] 예를 들어, 잘 통합된 문화는 상대적으로 폐쇄적인가? 외부에서 온 사상에 개방적인 문화는 분열되어 있는가? 혹은 본질적인 문제는 결국 자신감에 관한 것인가? 사람들이 자신의 문화가 우월

하다고 자신하는 경우, 외래 사상에 관심을 나타내지 않기도 한다. 17세기 후반 오스만제국의 계속된 패배는 지배계층으로 하여금 서구 세계를 전보다는 좀 더 진지하게 고려하도록 만들었다. 문화적 교류에는 유리하거나 불리한 순간들이 혼재한다.

하지만 '문화'라 불리는 것은 균질적이기보다는 비균질적이라는 점을 잊지 말아야 한다. 또한 그 내부에 존재하는 서로 다른 집단들이 각각 문화적 만남에 매우 다르게 반응한다는 사실도 잊어서는 안 된다. 어떤 경우에는 차용의 문제가 논란거리가 된다.

예를 들어 19세기 러시아의 서구화 운동은 1840년대부터 계속 '슬라브파(Slavophils)'라 불리는 이들의 저항을 받았다. 이들은 외래 사상이 자신의 국가에 '적절하지 않고', 전통과 이질적이며, 이 땅에 뿌리를 내릴 여지가 없다고 주장했다. 맹목적인 모방에 대한 러시아적 비판에는 사실 긴 역사가 존재한다. 언론인 겸 출판인인 니콜라이 노비코프(Nikolai Novikov, 1744~1818)는 자신의 동료들이 "외국인으로부터 모든 것을 탐욕스럽게 차용하는 데 길들여졌다"고 비판했다.[16] 철학자 표트르 차다예프(Pyotr Chaadaev, 1794~1856)는 러시아 문화가 "수입과 모방에 전적으로 기초"해

있고, 러시아인이 서양과 동양 세계의 중간에서 방랑자처럼 살며 어느 곳에도 속해 있지 않다고 주장했다. 이러한 비난은 아이러니하게도 프랑스어로 쓴 『철학서한(Lettre philosophique)』(1836)에서 이뤄졌다.[17]

브라질인 작가 에우클리지스 다 쿠냐도 슬라브파와 유사한 방식으로 반응했다. 그는 브라질의 문화가 다른 나라에서 유기적으로 성장한 것들을 무비판적이거나 기계적으로 복제하는 '차용의 문화'라고 비난했다.[18]

문화적 정화

외국 문화의 유행에 대한 반작용은 때때로 극단적인 정화 운동의 형태를 취했다. 이는 오늘날 '인종 청소'라 불리는 현상까지 포함한다. 차용 거부는 일종의 '역혼종화(dehybridization)', 즉 이미 차용되고 동화된 것을 뿌리 뽑으려는 시도들과 결합된다.

예를 들어 언어의 경우, 고전 시대 후기에 순수한 '아테네식' 그리스어로 회귀하려는 움직임이 외래 단어의 침입에 대한 대응으로 시작되었다.[19] 앞서 언급한 적 있는 프로테스탄트 인본주의자 겸 인쇄업자였던 앙리 에스티엔은 1570년대 프랑스 법원에서 사용하던 이탈리아어 '전문용어'들을 격렬하게 비판했고, 프랑스 정부 역시 영어식 프랑스어(franglais)에 대해 강하게 비난했다.[20]

독일에서는 앞서 언급한 언어적 순수성에 대한 집착이 20세기 초에 절정에 이르렀다. 이미 1885년에 '일반 독일어 협회(Allgemeiner Deutscher Sprachverein)'가 창립되었고, 그들이 발간하는 학술지 『모국어(*Muttersprache*)』도 발행되었다. 1930년대는 독일어 속에 숨겨진 외래 용어, 특히 그 중에서도 프랑스어를 찾아내고 대체하는 운동인 이른바 '외래어 사냥(Fremdwortjagd)'이 정점에 달했다. 그래서 기차 플랫폼은 한때 '페롱(Perron)'이라 불리다가 '반슈타이크(Bahnsteig)'가 되었고, [대학을 의미하는] '우니베르지테트(Universität)'는 '알토흐슐레(Althochschule)'로 바뀌었다. 이러한 언어 정화는 '독일적인 것'에 대한 나치적 이상과 문화 정화 운동보다는 훨씬 이전의 것이지만, 그것들과 잘 융화되었다. 나치 또한 초창기에는 일반 독일어 협회를 지원했다. 비록 한 언어학자가 무모하게도 총통의 언어에 대해 비난한 후인 1940년부터 외래어 사냥이 중단됐지만 말이다.[21] 그 이후로 독일에서 언어 순수주의자들은 비교적 잠잠해졌는데, 이는 언어 순수주의가 나치즘과 연관되었기 때문이다. 실제로 독일어는 미국산 외래 언어에 극단적으로 우호적인 언어로 변했다.

반면 프랑스에서는 이러한 형태의 외국어 혐오증이 2차 대전 이후 독일의 민족주의 성향이 감소하던 바로 그 시기부터 영향력을 가지기 시작했다. 영어식 프랑스어는 프랑스인들이 '미국의 도전(le défi américain)'이라 칭한 현상의 언어적 측면이다. 그들은 이 도전에 정화로 대응했다. 예를

문 화 혼 종 성

들어, 드골 장군은 알제리전쟁과 1968년 5월혁명 와중에 시간을 내어 프랑스어 보호 위원회를 설립했다. 1975년에는 바-로리올(Bas-Lauriol) 법*이 통과되어, 같은 의미를 지닌 프랑스어 단어가 이미 쓰이는 경우에 (최소한 정부 부서에서는) 외래어 사용이 금지되었다. 이 공식 정책은 프랑스인들이 비공식적으로 언어를 어떻게 사용하는지에 상관없이 지속되었다.

★ 1975년 12월 31일 제정된 프랑스의 자국어 보호법. 국회에 법안을 제출한 두 국회의원인 피에르 바(Pierre Bas)와 마크 로리올(Marc Lauriol)에게서 이름을 따왔다. 1994년 바-로리올 법은 폐지되고, 시대에 맞춰 새롭게 개정된 자국어 보호법인 '투봉(Toubon) 법'이 발의되었다(이 역시 이 법을 발의한 당시 문화부 장관 자크 투봉[Jacques Toubon]에게서 이름을 따왔다).

문화적 분리

문화적 침략에 대한 세 번째 전략 혹은 의식적인 대응 방식은 분리이다. 이 경우 경계선은 '자신'과 '남' 사이가 아니라 한 문화의 내부에 그어지며, 영토 전체를 지키는 대신 문화 내부에서 외국 문화의 영향으로부터 오염되지 않은 영역에 집중한다.

외래적인 것에 대한 무차별적인 수용이나 무차별적인 거부가 모두 터무니없다고 여긴 집단들은 오랫동안 존재해왔다. 특히 19세기와 20세기의 투르크인과 중국인들은 서구적 가치를 수용하지 않으면서 서구 기술은 차용하고자 했다. 예를 들어 청년오스만당(Young Ottoman)은 푸아드 파샤(Fuad Pasha, 1815~1869) 정부가 서구화를 "극장을 건설하고, 무도회장에 자주 드나들고, 아내의 부정에 대해 개방적으로 사고하며, 화장실을 사용하는 일"쯤으로 생각한다고 비판했다. 그들 생각에 정말로 필요한 것은 서구식 대포나 공학이었다.[22]

19세기 후반의 일본 역시 문화적 분리의 또 다른 유명한 사례를 제공한다. 이 시기의 일부 상류층 남성들은 '이중생활'을 하기 시작했는데, 이는 서구적인 동시에 전통적인 삶, 즉 때에 따라 두 종류의 음식을 섭취하고, 두 종류의 옷(예를 들어 집에서는 기모노, 회사에서는 서양식 정장)을 입으며, 두 종류의 책을 읽고, 서구식 방이 포함된 전통 가옥에서 사는 것을 의미했다.[23] 일본식 가옥의 서구식 방은 점차 서구식 가옥의 일본식 방으로 대체되긴 했지만, 이러한 종류의 분리는 오늘날까지도 계속되고 있다.

질베르투 프레이리는 이와 유사한 방식으로 19세기의 일부 브라질인들이 밖에서는 모직 재킷을 입고 넥타이를 매는 반면에, 집에서는 전통 리넨 재킷을 입는 모습을 기술했다. 또한 앞에서 살펴봤던 '자구아리피의 성스러움' 운동에 관한 논의에서, 브라질 역사학자 호나우두 바인파스(Ronaldo Vainfas)는 서로 다른 전통에서 온 믿음이 결합된다는 의미로서의 진정한 혼합주의가 아닌, 이교도 세계와 기독교 세계 사이에서의 "문화적 분리"와 분열된 이중생활에 대하여 이야기한다.[24] 앞서 언급한 브라질 전통의 종교적 다원주의는 오랜 역사를 가지고 있는 듯 보인다.

우리는 앞서 '접촉 지대'라고 불렀던, 다언어 및 다민족으로 구성된 거대한 도시들에서는 예나 지금이나 또 다른 종류의 분리를 찾아볼 수 있다. 매우 가까이서 관찰해보면, 이 도시들은 매우 다른 조각들로 구성된 문화적 모자이크를 닮아 있다. 미국에서는 '도시 모자이크'라는 말이 일상언어에까지 침투했다. 하지만 이민자들의 문화적 분리가 과장되어서는 안 된다. 이는 그들의 전통 문화, 적응하고자 애쓰는 도시 환경, 그리고 또한 연령대에 따라 다를 수 있다. 고령의 이민자들은 새로운 언어를 배우기가 어렵고, 그들이 살고 있는 도시 속 '마을'로부터 벗어날 수 있는 직업을 가질 가능성이 더 낮다. 보다 일반적인 현상은 많은 개인들, 특히 젊은 남성들이 일본적인 의미의 이중생활을 사는 것이다. 그들은 근무시간 동안에는 주류 문화 속에서 지내고, 여가시간 동안에는 자신들의 전통 문화 속에서 지낸다.

흥미롭게도 이중언어와 다른 민족 간의 결혼, 시간의 흐름에 따른 동화 등으로 인한 2·3세의 문화적 분리의 실패에 대한 연구는 아직까지 미미한 실정이다. 예를 들어 17세기 후반에 프랑스를 떠나 암스테르담과 런던, 베를린에 정착한 프랑스인 프로테스탄트교도들이 그들의 교회를 다니고 프랑스어 책을 계속해서 출판했다는 사실은 알려져 있지만, 아직 이런 식의 문화적 분리의 위축에 대한 연구는 여전히 과제로 남아 있다. 또한 음식과 같은 일부 영역이나 (영국,

미국에서도 계속해서 자신의 언어를 사용하는 폴란드인과 같은) 일부 집단에서 이민자 전통이 다른 경우보다 더 오래 존속된다는 점은 특기할 만하다. 물론 세대가 지남에 따라 분리는 점차 '적응'의 일부로 융합된다.

4 각양각색의 반응

적응

외래 문화나 외래 산물과의 만남에 대한 흔한 대응으로 '적응', 즉 점진적인 차용을 통해 전통적인 구조로 통합하는 행위가 있다. 이는 프랑스인 인류학자 클로드 레비-스트로스가 '브리콜라주(bricolage)'*라고 부르는 것으로, 그는 이를 '야생의 사고(la pensée sauvage)'의 특징이라고 주장한다. 최근 들어서는 서구 문화에 대해서도 이러한 전유와 재사용의 과정이 기술되고 분석되는데, 특히 미셸 드 세르토의 1970년대 프랑스 노동계급에 대한 유명한 연구에서 뚜렷하게 드러난다.[25]

문화적 적응은 탈맥락화와 재맥락화의 이중 운동으로 분석될 수 있다. 그것은 해당 대상을 원래 환경으로부터 분리

★   클로드 레비-스트로스가 자신의 저서 『야생의 사고』에서 사용한 개념으로, 원주민 '브리콜뢰르(bricoleur, 장인)'의 손재주를 뜻한다. 브리콜뢰르가 연관이 없는 재료와 용구, 그리고 이전에 만든 물건 등 주어진 것을 활용하여 필요한 것을 만드는 것을 가리키며, 그는 이것이 신화적 사고의 특성이라고 말한다.

해서 새로운 환경에 맞게 변화시키는 작업을 수반한다. 브라질의 지식인 질베르투 프레이리가 자주 논의하고 꾸준한 지지를 보낸 '열대화(tropicalization)'의 과정은 건축에서부터 요리에 이르기까지의 여러 영역에서 훌륭한 사례를 보여준다. 물론 여기서 서로 다른 종류의 적응 사례를 구별할 필요는 있다.

열대화라는 단어는 본래 추운 나라를 염두에 두고 디자인된 의복이나 가옥이 열대 국가로 전해졌을 때 변화하는 현상을 의미했다. 잘 알려진 논쟁적인 사례로는 루시우 코스타(Lúcio Costa, 1902~1998)와 오스카르 니에메예르(Oscar Niemeyer, 1907~)의 건축을 들 수 있다. 그들의 건축은 때로는 르 코르뷔지에(Le Corbusier)의 발상과 디자인을 브라질 환경에 성공적으로 적응시킨 사례로 묘사되며, 때로는 적응 과정이 충분히 멀리까지 나가지 못했다는 이유로 비판받기도 한다. 반면에 적응 과정이 계획하지 않은 결과일 수도 있다. 영국식으로 설계된 목재 의자가 브라질에서 모방되었을 때 모양이 변형된 경우(30쪽 참조), 이러한 수정은 그것이 (예를 들어 호두나무 같은) 영국산 목재에서 (자카란다 나무 같은) 브라질산 목재의 사용으로의 전환의 결과든 지역 공예 전통의 차이 때문이든 간에 계획적이지는 않았을 것이다.

4 각양각색의 반응

　장거리 무역, 그 중에서도 근대 초기의 유럽과 아시아 간의 무역은 문화적 상호작용과 혼종화의 매혹적인 사례를 보여준다. 직물의 경우, 인도에서 생산되어 유럽으로 수출됐던 날염한 천인 사라사 무명의 사례가 유명하다. 페르시아, 인도, 중국의 무늬들이 염색된 이 천은 네덜란드와 영국의 동인도회사 관리자들이 인도로 보낸 문양들을 따라 생산되었다. 다시 말해 이 직물은 유라시아 공동의 생산물로 간주되어야 할 일반화된 '동양적(oriental)' 양식으로 생산되었다고 할 수 있다.[26]

　상당량의 중국과 일본의 도자기 또한 17~18세기에 유럽으로 수출되었다(한 수치에 따르면 7천만 점에 달한다). 여기서도 중개인 역할은 동인도회사가 맡았고, 전통적 디자인 또한 서구 소비자의 취향에 맞게 차츰 수정되었다. 현재까지도 영국에서 매우 인기 있는 '버드나무 문양' 접시는 그러한 수정의 한 사례라 할 수 있다. 도자기가 "어마어마한 거리에 가로질러 문화적 주제를 전달하고 흡수시키는 역할을 하는 주요한 물질적 수송 수단"의 기능을 했다는 주장도 존재한다.[27]

　한편으로는 유럽 양식을 모방하거나 자신의 지역적 레퍼토리 중에서 서구 소비자에게 인기 있는 요소들을 채택하는 동양인 예술가들이 존재한다. 반대편에서는 동양 양식을 모방하는 유럽인 예술가들과 이국적인 것의 유행이 발견된다. 중국적인 것에 대한 18세기 유럽의 열광은 잘 알려져 있지만, 이미 16세기에 제노바의 장인들은 명나라 자기를 모방했다.[28] 가끔은 어떤 물건이 유럽적인 것을 동양화한 작업인지 동양적인 것을 유럽화한 작업인지 분별하기가 거의 불가능할 때도 있다.

여기서 강조해야 할 논점은 다음과 같다. 첫째는 적응 과정을 구성하는 서로 다른 단계들이고, 둘째는 이와 연관된 서로 다른 사람들의 수이며, 셋째는 적응으로 인한 변화가 양쪽 모두에게서 발생한다는 사실이다. 이 책에서 앞서 논의된 바 있는 문화적 '협상'의 은유는 이러한 종류의 과정의 분석에 특히 유용할 수 있다.

순환성

순환(circle)은 원래 그것이 나온 지역으로 '재수출'될 만큼 매우 철저하게 적응된 외래 문화의 산물을 언급하는 데 적절한 은유이다. 성스러운 영역과 세속적인 영역 간의 순환성(circularity)의 예를 생각해보자. 초기 기독교 시대의 교회는 로마제국의 공식적인 수사(rhetoric)와 도상(iconography)으로부터 주제를 전유하여, 황제를 신이나 그리스도로 대체했다. 반면 근대 초기의 유럽 국가는 이러한 주제를 재전유했다. 루이 14세 시대의 일부 사람들은 왕이 파리에 건립된 자신의 조각상을 성인처럼 보이도록 조명을 설치한 행위를 불경스럽다고 생각했다. 그렇지만 이러한 숭배의 허용에 대해, 루이 14세가 단지 로마 시대의 정치적 풍습으로 회귀한 것일 뿐이라고 주장할 여지 또한 있다.[29]

또 다른 종류의 순환성으로, '고급(혹은 교양)' 문화와 '저급(혹은 대중)' 문화 간의 순환성을 들 수 있다. 오늘날 이 두 문화 사이의 교류는 잘 알려져 있을 뿐만 아니라 심지어 유행하고 있기 때문에, 이러한 교류가 앞선 시대에도 존재했다는 사실은 지적할 만한 가치가 있다. 루도비코 아리오스토(Ludovico Ariosto)와 프랑수아 라블레, 셰익스피어, 세르반테스 같은 상류층 출신의 작가들은 모두 당시의 대중문화로부터 영감을 구했을 뿐 아니라, 그들의 작품은 때때로 단순화된 형태로 민중에게 되돌아갔다.[30]

19~20세기의 일본과 서구 간 문화적 관계의 역사는 이러한 종류의 매혹적인 순환성을 잘 보여준다. 예를 들어 시각 예술에서 인상파 화가들이 일본을 발견한 시기는 에두아르 마네, 클로드 모네 등의 일본 발견보다 다소 늦게 이뤄졌다. 이미 아카데미가 지배하는 미술 전통에 대항해 혁명 중이던 서구 예술가들은 일본의 사례에서, 특히 목판 인쇄화에서 찾아볼 수 있는 비대칭적 구도, 서예적인 선, 평면적인 색상의 사용을 모방했다.[31] 1878년 도쿄제국대학에서 교편을 잡기 위해 일본에 도착한 미국인 철학자 어니스트 페놀로사(Ernest Fenollosa, 1853~1908) 또한 전통 일본 예술의 열광적인 지지자가 되었다. 이상하게 보일 수도 있겠지만, 이러한 과정을 통해 그는 가노 호가이(狩野芳崖)나 하시모토 가호(橋本雅邦)와 같은 일본 예술가들에게 영향을 미쳤다.

음악의 경우, 타케미츠 도루(武満徹, 1930~1996) 같은 일본인 작곡가들이 존 케이지(John Cage, 1912~1992)와 피에르 불레즈(Pierre Boulez, 1925~) 같은 서구 작곡가들의 영향을 받았는데, 이들은 이미 일본 음악에 영향을 받았던 작곡가였다. 푸치니(Giacomo Puccini, 1858~1924)는 오페라「나비 부인」(1907)을 위해 일본 음악적 요소를 끌어온 반면, 일본인들은 계속해서 푸치니의 작품을 번안해왔다. 최근의 한 역사학자는 이를 "귀환(repatriation)"의 연속이라 칭했다.[32] 영화의 경우, 구로사와 아키라(黒澤明, 1910~1998)를 비롯한 일본인 감독들이 제작한 사무라이영화가 미국 서부영화의 전통에 일정 부분 빚지고 있다고 의심해볼 수 있을 것이다. 만약 그것이 사실이라면, 존 스터지스(John Sturges)가 구로사와 아키라 감독의 유명한 작품「7인의 사무라이」(1954)의 '번역물'이라 할 수 있을「황야의 7인」(1960)을 만들었을 때, 그러한 찬사를 되돌려준 것이라고 할 수 있다.

19세기 일본에서 성공한 영국인 작가 중 한 사람으로 스코틀랜드 출신의 새뮤얼 스마일스(Samuel Smiles, 1812~1904)을 꼽을 수 있다. 그는 자신의 노력과 지혜 덕분에 무일푼에서 부자가 된 사람들의 성공담 모음집인『자조론(Self-Help)』(1895)의 저자였다. 이 책의 성공이 일본인들이 빅토리아적 가치*를 받아들였음을 보여준다고 볼 수도 있다. 하지만 이러한 종류의 이야기에는 지역적 선례가 존재했다.

17세기의 인기 작가 이하라 사이카쿠는 이미 경제적으로 성공한, 진취적이고 근면한 도시 사람들에 대한 이야기 모음집인 『일본영대장(日本永代蔵)』이라는 책을 출간한 바 있다.

아일랜드의 시인 윌리엄 버틀러 예이츠(William Butler Yeats, 1865~1939) 또한 일본 전통 연극인 노(能)★★의 양식에 따라 「매의 우물가에서(At the Hawk's Well)」(1917)★★★라는 희곡을 썼다. 이 희곡은 내용 면에서는 아일랜드의 '영웅적 시대'를 시간적 배경으로 하고 있다는 점에서, 동양과 서양의 혼종이라 할 수 있을 것이다. 예이츠는 가면과 무용수들을 사용함으로써 자신이 살던 시대의 '사실주의'적 연극 전통으로부터 단절할 수 있다는 점에서 일본 전통에 흥미를 느

★ 빅토리아 시대(1837~1901)는 빅토리아 여왕이 영국을 통치한 시기로서, 당시 영국은 제국주의 정책에 의한 식민지 통치의 황금시대를 열며 대제국을 이룩했다. 빅토리아적 가치란 이 시기를 규정한다고 여겨지는 특징들로서, 정직, 근면, 검약, 노력, 가족적 가치에 대한 강조 등등이 꼽힌다.

★★ 피리와 북소리에 맞추어 노래를 부르면서 춤을 추는 가면 악극으로, 가부키, 분라쿠와 함께 일본의 3대 전통극으로 꼽힌다. 노가쿠(能樂)라고도 한다.

★★★ W. B. 예이츠, 권경수 옮김, 「매의 우물가에서」, 『예이츠 희곡선집』, 이화여자대학교출판부, 2006, 127~144쪽.

겼다. 일본인 작가 요코미치 마리오(橫道萬里雄)는「매의 우물가에서」를 노로 번안하여 1949년 도쿄에서 공연했다.[33]

　이러한 순환성의 사례들은 근대화 중이던 일본인이 자신의 전통 중 일부를 재발견하거나 재가치화하는 데 서구 문화로부터 도움을 받았다는 점을 시사한다. [기존 일본 문화와의] 거리와 유사성의 조합은 특정한 문화 수출품 혹은 '이식물'이라고 할 만한 것들의 성공에 주요한 요인처럼 보인다. 이제 우리는 앞서 살펴본 바 있는 조화와 수렴의 질문으로 되돌아왔다.

번역가

「매의 우물가에서」의 사례는 모든 종류의 문화적 만남에 관해 논의할 때 주요한 또 다른 주제를 제기한다. 문화적 혼종화의 분석들은 자주 전반적 경향만을 언급한 채 개인들은 무시하곤 한다. 경향이 개인보다 훨씬 거대하다는 점에서, 이러한 분석이 아예 틀렸다고 볼 수는 없을지도 모른다. 그럼에도 불구하고 우리는 과연 누가 이러한 적응을 수행하는지 물을 필요가 있다.

한 언어를 다른 언어로 번역하는 사람들의 경우를 생각해보자. 많은 경우 번역가들은 난민이다. 많은 문화에서 통역자들은 소수 집단의 구성원들이 중요한 역할을 차지하는 독특한 집단을 형성한다. 한 예로 오스만제국과 서유럽 간의 관계는 오랫동안 유대인과 그리스인이 제공하는 언어 중개 서비스에 의존했다.[34]

원래 자신이 충성하던 문화를 저버리고 다른 문화로 전향했던 사람들이 자주 통역 과정에서 중요한 역할을 담당했다. 이 중 유명한 혹은 악명 높은 사례로 멕시코의 정복자인

4 각양각색의 반응

에르난 코르테스(Hernán Cortés, 1485~1547)의 통역가이자 정부였던 '라 말린체(La Malinche)', 즉 도냐 마리나(Doña Maria)의 경우를 들 수 있다.* 집단적인 사례로는 기독교에서 이슬람교로 개종한 소위 '배교자(renegade)'들이나, 남아시아에서 포르투갈인을 위해 통역을 했던 (개종한 유대인들을 칭하는) '신(新) 기독교인(new Christian)'**들을 꼽을 수 있다.[35]

르네상스 시대의 유럽에서 활동한 통역가들 역시 이민자나 망명자인 경우가 많았다. 그들은 자신의 경계적 위치를 활용하여, 자신이 일종의 충성을 맹세한 바 있는 두 나라 사이를 중재하며 출세했다. 이러한 사람들이 '이중 의식'(53쪽 참조)를 지녔고, 이 이중 의식은 그들의 번역 작업에 도움이 되었을 것이다.[36]

흥미롭게도 이러한 이중생활을 했던 유럽인들은 아메리카 대륙과 아시아에 존재하는 유사한 사례들만큼 철저하게 연구된 적이 없다. 예를 들어 콘스탄티노플의 몰락 이전과

★　　토착민 여성이었던 라 말린체는 코르테스 소유의 노예로서 통역자로 활동했다. 멕시코에서는 그녀가 매국노의 대명사로 여겨진다. 도냐 마리나는 그녀의 스페인식 이름으로 '도냐'는 '부인(lady)'라는 뜻이고, '마리나'는 세례명이다.
★★　앞서 언급한 '마라노'를 가리킨다. 123쪽 참조.

이후에 이탈리아로 망명한 그리스인들은 매우 중요한 고대 그리스어-라틴어 번역을 맡았다. 첼리오 세쿤도 쿠리오네(Celio Secundo Curione), 시피오네 젠틸레(Scipione Gentile), 프란체스코 네그리(Francesco Negri), 실베스트로 테클리오(Silvestro Teglio), 조반니 니콜로 스토파니(Giovanni Niccolo Stoppani) 같이 이탈리아에서 [북유럽으로] 망명한 프로테스탄트 교도들 역시 북유럽의 르네상스 수용에 중요한 역할을 담당했다. 그들은 종교적인 작업 외에도 니콜로 마키아벨리의 『군주론』(1560), 프란체스코 구이차르디니(Francesco Guicciardini)의 『이탈리아 역사(Storia d'Italia)』(1566), 타소(Tasso)의 『해방된 예루살렘(La Gerusalemme liberate)』(1584) 같은 세속적 텍스트를 번역했다.

영국의 유명한 사례로 이름 자체가 혼종적 정체성을 표현하는 존 플로리오(John Florio, 1553~1625)★를 들 수 있다. 이탈리아의 프로테스탄트교도였던 그의 가족은 종교 박해를 피해 영국으로 이주했다. 그는 이탈리아어를 가르치면서 생계를 유지했고, 영어-이탈리아어 사전을 편찬했으며,

---

★ '존'은 영국식 이름이고, '플로리오'는 이탈리아식 성이다. 그의 이탈리아식 이름은 '조반니 플로리오(Giovanni Florio)'였다.

몽테뉴의 에세이를 프랑스어에서 영어로 번역하여 명성을 얻었다.[37]

5
각양각색의 결과

◆

 장기적인 문화적 상호작용의 결과나 중요성에 대해서는 여전히 논의가 필요하다. 여기서 난 문화사학자라기보다는 급속도로 전지구화가 이뤄지는 현 시대의 세계 문화들의 운명에 대해 걱정하는 개인으로서, 과거의 사례들을 선별하여 여러 가능한 미래상에 대해 이야기하고자 한다. 4장이 의식적인 반응과 정교한 전략들에 집중했다면, 이번 장은 개인과 집단의 의도나 욕망, 기대와는 독립적으로 일어나는 현상에 초점을 맞추고자 한다.

 나는 독립적인 문화들이 지속적으로 존재할 가능성은 없다고 생각한다. 이 세상에선 어떠한 문화도 섬이 될 수 없다. 이 책의 머리말에서 암시되듯 대다수의 문화가 섬으로 존재하던 시기는 매우 오래 전의 일이다. 이러한 종류의 고립성을 수호하기 위해 문화의 '격리(insulation)'를 유지하는 일은

5 각양각색의 결과

시간이 흐를수록 점점 더 어려워지고 있다.

다시 말해 모든 문화적 전통은 이제 정도의 차이는 있지만 대안적인 전통들과 직접적으로 접촉하고 있다. 앞서 보았듯이 단기적인 의미에서의 분리는 가능할 수도 있겠지만, 프랑스인 프로테스탄트교도 망명자나 근대 일본의 사례가 예시하듯 장기적으로는 가능한 선택이 될 수 없다. 전통에 참여하는 개인과 집단은 모를 수도 있겠지만, 전통은 끊임없이 건립 중이거나 재개발되는 건축 공사 지역과 같다.

앞서 논의된 칸돔블레의 경우를 생각해보자. 프랑스 사회학자 로제 바스티드는 그의 뛰어난 논문에서 칸돔블레를 아프리카적 공간의 상징적 재구축, 아프리카계 브라질인들의 상실된 고향에 대한 심리적 보상의 일종으로 해석한 바 있다.[1] 하지만 칸돔블레 풍습이 시간이 지나면서 점진적으로 변화되었다는 점 또한 드러났다. 따라서 (앞서 논의된) 움반다가 혼종적인 반면에 칸돔블레가 '순수'하다고 말하기는 어렵다.[2] 아프리카적 전통이 움반다보다는 칸돔블레의 경우에 더 중요하게 작용하긴 하지만, 두 가지 모두 혼종화되고 번역된 형태라고 할 수 있다.

미래의 지구 문화에서 독립과 분리의 가능성이 제거된다 하더라도, 여전히 네 가지 주요한 가능성 혹은 시나리오가

남아 있다. 우선 서로 다른 문화들의 융용이자 오늘날 많은 사람들이 예상하고 두려워하는 전지구화의 결과인 균질화(homogenization)가 있다. 두 번째는 저항 혹은 '반(反)-전지구화(counter-globalization)'이다. 세 번째는 전지구적 문화와 지역 문화의 결합을 의미하는 '문화적 양층언어(cultural diglossia)'라 불릴 만한 현상이다. 네 번째는 새로운 혼합체의 등장이다. 이 네 가지 가능한 시나리오를 순서대로 논의해 보자.

문화적 균질화

첫 번째 시나리오는 문화적 균질화로서, 균질화가 이뤄질 시기는 2050년이나 2100년, 혹은 그 이후 등으로 다양하게 예견되고 있다. 이 경향을 선호하지 않는 사람들은 문화의 '미국화'나 '코카콜라 효과'에 대해 말하곤 한다(미국 혐오적 뉘앙스는 앞서 논의된 이탈리아 혐오와 프랑스 혐오를 연상시킨다). 적대적 비판자들은 장소에 대한 감각이나 심지어 장소 그 자체가 사라지고, 그것이 공항 같은 '비(非)-장소(non-places)'의 확산으로 대체될 가능성을 두려워한다.[3] 혼종화의 시나리오에 대해서도, 이들은 전지구적 용광로에 모든 문화를 혼합하는 것은 결국 동일화로 나아가는 단계일 뿐이라고 답할 것이다.

우리는 분명 전지구적이거나 유사 전지구적인 문화의 등장을 보여주는, 혹은 적어도 문화가 점점 전지구화되어 가고 있음을 보여주는 수많은 조짐들을 목격하고 있다. 이는 특히 서구와 일본에서 두드러지며, 중국에서 또한 그러한 조짐들은 늘어나고 있다. 현대 미술의 경우를 생각해보

자. 균질화는 특정한 미술 양식이 다른 경쟁자들을 모두 제압하고 홀로 선두에 서는 단순한 방식으로 일어나지 않았다. 대신 우리는 추상과 재현, 옵아트(op art)와 팝아트 등등처럼 다양한 경쟁적인 양식들의 측면에서 보다 복잡한 균질화와 마주하고 있다. 또한 이러한 미술 양식은 물리적 장소와는 거의 관계없이 모든 예술가에 의해 이용될 수 있다. 지역적 층위에서는 이질화가 존재한다. 개인적 층위에서는 보다 많은 선택과 자유가 있고, 이는 점점 더 확장되고 있다. 하지만 그와 반대로 우리는 전지구적 층위에서 다양성이 점점 줄어들고 있는 현상을 볼 수 있다.

우리는 다른 예술 매체에서도 또 다른 종류의 균질화를 목격하고 있다. 전지구적 시장의 성장 덕택에 일부 작가와 영화감독들은 "의식적으로 혹은 무의식적으로 번역 가능성을 고려하여 자신의 예술 형식을 결정한다."[4] 영화의 경우 할리우드가 전지구적 시장을 겨냥하고 있으며, 유럽에서도 다국적 공동제작은 1960년대 이래 더욱 일반화되어 가고 있다. 이탈리아에서 이탈리아인 배우와 이탈리아어로 촬영한 영화들로 명성을 얻은 미켈란젤로 안토니오니(Michelangelo Antonioni, 1912~2007) 감독은 「욕망(Blow-Up)」(1967)과 「자브리스키 포인트(Zabriskie Point)」(1969)와 같이

다국적 배우진과 자본에 바탕하여 영어로 된 영화를 만드는 방향으로 선회했다.

소설의 경우, 밀란 쿤데라(Milan Kundera, 1929~)의 최근 인터뷰는 보다 폭넓은 어떤 경향을 제시한다(나는 브라질 신문에 번역되어 실린 이 인터뷰를 우연히 읽었다). 쿤데라는 1968년 이전까지 프라하에서 살며 체코 대중을 주요 독자로 여기며 체코어로 글을 썼다. 그가 인터뷰에서 설명한 바에 따르면, 그는 지금 파리에 살며 프랑스어로 글을 쓸 뿐만 아니라 전세계 대중을 주요 독자로 여기며 글을 쓴다. 내가 아는 한 아직까지는 자세히 혹은 깊게 분석된 적은 없지만, 지역 대중보다 전지구적 대중을 우선시할 경우 작품은 모든 면에서 중요한 변화를 겪는다. 쿤데라의 소설은 1968년 이후 분명히 바뀌었다. 예전보다 덜 사회적이고 더욱 형이상학적으로 변했으며 지역적 참조가 줄어든 반면에, 인간의 조건에 대한 고찰은 증가했다.

역사를 비롯한 다른 형태의 문화적 생산물에 대해서도 유사한 지적을 할 수 있다. 사실 나조차도 나 자신의 저작이 다양한 언어로 번역될 수 있다는 생각에 점점 익숙해지면서, (이 책을 포함한) 여러 연구에서 영국이나 유럽 바깥에서는 쉽게 이해할 수 없는 참고 사례들을 사용하지 않고자 노력하게 되었다. 나는 특정한 진술이나 언급이 일본이나 브라질의 독자들에게 명확하게 전달 될 것인지 궁금해할 정도로 전지구적 독자를 고려하면서 생각하기 시작했다. 이러한 과정에서 나는 나 자신을 일종의 세계시민으로서 재구축하는 듯싶은데, 이는 분명 나 혼자만의 생각은 아닐 것이다.

이러한 변화들은 분명 필연적이지만, 이것이 우리를 완벽한 균질화의 시나리오로 데려가는 것은 아니다. 오해의 힘(혹은 무의식적 재해석이라 부를 수도 있을 것이다)을 과소평가해서는 안 된다. 세계 곳곳의 사람들이 같은 시간에 텔레비전 화면에서 나오는 같은 이미지를 본다 하더라도, 반드시 그들이 똑같은 방식으로 자신이 본 것을 '읽거나' 이해하지는 않을 것이다. 드라마 「댈러스(Dallas)」*가 이스라엘과 피지를 비롯한 여러 국가에서 어떻게 수용되었는지에 대한 실증 연구의 결과는 이 점을 매우 명확하게 보여준다. 예를 들어 이스라엘에 거주하는 러시아 출신 이민자들은 「댈러스」를 자본주의 풍자극으로 봤다.[5]

과거에 존재했던 균질화의 움직임이 성공적이었다고 생

★   1978년부터 1991년까지 미국에서 방영된 드라마. 텍사스 주 댈러스의 석유 부호 집안인 유윙가의 이야기를 담고 있다.

5 각양각색의 결과

각하는 역사학자들이 점점 더 줄어들고 있다는 점을 덧붙일 필요가 있다. 그들은 그리스화, 로마화, 스페인화, 영국화 등의 과정들이 근본적으로 승리를 거두었다고 믿곤 했다. 하지만 오늘날에는 이러한 성공을 부정하는 강한 경향이 존재한다(로마인들이 사실은 로마제국의 다양한 지역 문화권으로 강력하게 침투한 적이 없다는 주장이 그 예이다). 또한 '억압된 것의 귀환'이라 일컬을 만한 인종적 각성의 시대를 맞아, 라틴아메리카와 뉴질랜드, 중국, (오랫동안 문화적 동일성의 모범적인 사례라고 생각됐던) 일본 등의 종속적인 혹은 '침수된' 문화들에 대한 관심이 점점 커져가고 있다. 과연 전지구화가 이들과 크게 다를 것이라고 생각할 만한 이유가 있을까?

균질화의 논제를 지지하는 이들이 (그들 자신이 묘사하는 현상을 좋아하든 싫어하든 간에) 대개 편의점 음식, 음료나 공항 디자인과 같은 제한된 범위의 사례만을 거론한다는 점은 분명 의미심장하다. 균질화주의자들은 앞서 언급된 수용의 창조성이나 의미의 재협상, 혹은 앞으로 논의할 "사소한 차이의 나르시시즘"의 중요성을 고려하지 않는 실수를 자주 범하곤 한다. 그들이 즐겨 꼽는 코카콜라의 사례조차도, 인류학자 다니엘 밀러(Daniel Miller)가 트리니다드에서의 "전지구적 형식의 지역적 맥락화"에 대한 분석에서 뛰어나게 재해석했다.⁶ 앞서 보았듯이 맥도날드의 전지구적 확산 또한 유사한 방식으로 기술되었다.

2050년에는 모든 이들이 원어민처럼은 아니겠지만 영어로 말한다든가 같은 시간에 같은 텔레비전 프로그램을 본다든가 하는 식의 미래상은 분명 캐리커처에 가깝다. 프랑스어, 포르투갈어, 러시아어는 물론 중국어, 아랍어, 스페인어와 같은 주요 세계 언어들의 수명은 아직 충분히 남아 있다. 이는 세계의 주요 종교의 경우에도 마찬가지이다. 비록 '선(禪)-가톨릭교'나 '선-유대교'와 같은 용어가 유통되는 것이 보여주듯이, 종교들이 서로에게 예전보다 더 큰 영향을 끼치고 있지만 말이다.⁷

반-전지구화

오늘날 우리는 전지구적 형태의 문화의 '침투' 혹은 '침략'에 맞선 저항을 자주 접하는데, 이는 그다지 놀랍지 않은 일이다. 이러한 반응은 사회학자들이 간혹 '문화적 지체'라고 부르는 현상의 사례이다. 프랑스인 역사학자 페르낭 브로델이 강조하듯이, 상이한 종류의 변화들이 각기 다른 속도로 일어나고 있다.

현재 '전지구화'라고 기술되는, 서로 연결된 변화들은 대체로 기술과 경제와 관련되어 있다. 기술, 그 중에서도 커뮤니케이션 기술은 오늘날 현기증이 날 만큼 매우 빠른 속도로 움직인다. 변해가는 세상에 적응해야 할 제도권은 이보다 뒤처지게 된다. 그보다 더 느린 것은 인간 태도의 변화로, 특히 (다시 한 번 프랑스 역사학자들을 참조하자면) '사고방식(mentalities)'이라고 부를 만한 근본적인 태도나 암묵적인 전제들이 그러하다. 전통적인 지역적 사고방식의 '탄성'을 결코 과소평가해선 안 된다. 개개인이 성장해가는 데 최초의 2~3년이 중요하다는 사실을 고려해볼 때, 사고방식의 변화는 필연적으로 느릴 수밖에 없다. 2080년에 고령을 맞이할 세대의 근본적인 가치들은 이미 정립되었다고 볼 수 있다.

세계 곳곳에서 문화적 전지구화에 대한 반발이 일어나는 것은 놀라운 일이 아니다. 편의상 이를 '반(反)-전지구화'라 부르기로 하자. 교육은 이런 종류의 문화적 저항을 지지하는 데 사용될 수 있으며, 실제로도 사용되고 있다(예를 들어 지역 역사 수업, 아일랜드어나 바스크어 의무 수업 등등이 그러하다).

이 시나리오에서는 각 지방에서 일어나는 집단적인 저항이 중요한 역할을 담당하는데, 이미 1960년대에 프랑스 프로방스의 지식인 로베르 라퐁(Robèrt Lafont, 1923~2009)과 다른 이들은 이를 '지방 혁명(regionalist revolution)'이라 불렀다.[8] 이런 운동이 프랑스의 브르타뉴나 스페인의 카탈루냐에서처럼 지역이나 민족을 중심에 두는지, 혹은 세르비아나 보스니아처럼 특정 종교를 중심에 두는지의 여부는, 우리의 관점에서는 별반 중요하지 않다. 그것이 사멸 위기에 처한 언어의 부흥이든, 인종 청소든, 1999년 프랑스 남부 미요에서 벌어진 맥도날드 창문 부수기이든 간에, 핵심은 지역 문화와 지역 정체성에 대한 강조이다.

프로이트는 지구 곳곳에서 일어나는 현상에 대해 적절한 표현을 제시했는데, 그것은 바로 "사소한 차이의 나르시시즘"이다.[9] 이에 대한 시사적이면서도 오랜 역사를 지닌 사례로, 북아일랜드의 가톨릭교도와 프로테스탄트교도들을 들 수 있다. 이 두 집단은 같은 영토를 점유하며 문화적으로 매우 많은 것을 공유하기 때문에, 외부인이 이들을 구별하는 것은 쉽지 않다. 그럼에도 그들은 (정확히 말하자면 양 진영의 극소수는) 서로를 '자기'의 반대편에 있는 '타자'라고 여기기를 고집한다.

네덜란드인 인류학자 안톤 블록(Anton Blok)은 프로이트에 생각에 동의하면서, 나르시시즘을 작동시키는 것은 전통적 정체성의 상실에 대한 위협이며, 자주 타자에 대한 폭력을 동반한다는 점을 덧붙였다.[10] 영국인 인류학자 앤서니 코언(Anthony Cohen)도 다음과 같이 유사한 지적을 한 바 있다. "공동체와 그 경계의 상징적 표현의 중요성은 해당 공동체의 실제적인 지리적 경계가 훼손되거나 불명확해지고 약화될수록 증가한다."[11]

다시 말해, 반-전지구화는 매우 강력한 반발이지만 수십 년 이후까지 지속되지는 않을 수도 있다. 역사의 행진을 멈추거나 과거를 복원하려는 저항자들의 목표가 달성될 수 없기에, 저항은 궁극적으로 실패할 수밖에 없다. 하지만 역사의 다른 패배자들이 그러했듯이, 이 저항자들의 저항도 미래의 문화에 영향을 남긴다는 점에서 무의미하지 않다. 그들이 원했던 영향은 아닐 수도 있지만, 어찌됐든 영향은 영향일 것이다.

문화적 양층언어

세 번째 가능성은 미래의 전지구적 문화 세계에서 우리는 모두 이중 문화권에 속하여, 4장에서 기술된 일본인들처럼 이중생활을 할 수도 있다는 시나리오이다. 일부 상황에서 우리는 모두 '외국어로서의 영어(English as a Foreign Language, EFL)'나 또 다른 세계 언어(중국어, 스페인어, 아랍어)를 쓰게 되겠지만, 다른 상황에서는 여전히 우리만의 지역 언어를 유지함으로써, 세계 문화에 참여하는 동시에 지역 문화를 보존할 것이다. 나는 이러한 결과를 '문화적 이중언어(cultural bilingualism)'보다는 (한 세대 전 일부 사회언어학자들이 제안한 모델을 따라) '문화적 양층언어(cultural diglossia)'라고 부르고자 한다.* 왜냐하면 두 [상이한 문화적] 요소가 평등하

★ 이중언어와 양층언어는 모두 한 문화 안에서 두 언어를 사용하는 상황을 가리킨다. 하지만 이중언어가 언어 간의 위계 없이 단순히 두 언어가 사용되는 경우인 반면에, 양층언어는 한 언어는 상위계층이나 공식적인 곳에 사용되고 다른 한 언어는 하위계층이나 구어에서 사용되는 경우를 가리킨다.

게 존재할 가능성이 적기 때문이다.[12]

이 시나리오는 일부 사람들의 현재와 우리 대부분의 가까운 미래를 매우 그럴듯하게 묘사한다. 이것은 이 책의 앞에서 논의된 의식적인 '문화적 분리'의 순화된 버전이라 할 수 있다. 예전이나 지금이나 많은 사람들이 여러 언어 혹은 '언어 사용역(linguistic register)' 사이를 오가는 것처럼, 상황에 따라 여러 문화 사이를 오가며 그때그때 적절한 행동을 취한다. "우리가 깨닫고 있든 그렇지 않든 간에, 이제 우리는 모두 이민자이다"라는 문장에 함축된 의미는, 네스토르 가르시아 칸클리니의 "경계는 어디에나 있다"는 말처럼 심각하게 고려할 가치가 있다.[13]

한편으로 우리는 그러한 '이중생활'의 기반을 이루는 문화권 간의 장벽이 장기적으로 점차 사라질 것이라고 쉽게 예측할 수 있다. (순수주의자의 관점에서는) '오염'으로 표현될 수도 있는 이 현상은 앞서 언급한 일본이나 도시 이민자의 사례에서처럼 결국에는 일어나고 말 것이다. 국경과 마찬가지로 고립된 게토의 벽은 문화적 침략이나 침투를 완벽하게 방어하지는 못한다.

세계의 크레올화

문화적 만남이 문화 혼종성이나 어떤 혼합을 초래할 것이라는 생각은 과거에 이미 피상적이라고 비난받았던 두 가지 관점의 중간에 위치한다. 한편에는 문화나 문화적 전통이 '순수'하게 남아 있을 수 있다는 주장이, 다른 한편에는 (과거의 프랑스, 현재의 미국, 미래의 전지구화와 같은) 단일 문화가 다른 문화들을 완벽하게 정복할 수 있다는 주장이 있다.

우리는 '혼종인(hybridizer)' 집단 내부에서 이러한 현상을 부정적으로 보는 이들과 긍정적으로 바라보는 이들을 구분할 수 있다. 한편에서 비판자들은 아널드 토인비가 "문화적 붕괴"라 불렀고 의식적으로 포스트모더니즘을 추구했던 분석가들이 자주 '분열'이라고 묘사했던 '혼돈(chaos)'을 강조한다.[14] 이 비판자들은 문화적 변화 과정에서 상실된 것을 강조한다. 무언가 상실되었다는 것은 부정하기 힘들다. 잠시 쿤데라의 이야기로 돌아가자면, 나는 그가 쓴 소설 중 체코에 거주할 때 쓴 『농담』(1967)이 가장 뛰어나다고 생각하며, 작품 속 지역 문화의 참조로 인한 충만함은 외국인 독자들에게도 전달된다. 그는 이민으로 인한 대가를 치렀다.

그러나 혼종화 과정에 대한 비판자들은 합성(synthesis)과 새로운 형태가 창발하는 경향이라는 긍정적인 측면을 명백히 간과하고 있다. 이러한 경향을 분석하는 효과적인 방법 중 하나는 앞에서 소개된 '크레올화' 개념을 사용하는 것이다. 이미 합성의 경향을 묘사하기 위한 너무 많은 용어들이 범람하는 이 논쟁에 상대적으로 낯선 단어를 소개하는 이유는, 미국인 인류학자 마셜 살린스(Marshall Sahlins, 1930~)가 새로운 "문화적 질서", 거대한 규모의 문화적 도식의 창조라고 부른 현상을 강조하기 위해서이다. 쿡 선장(Captain Cook)이 하와이를 발견하기 이전과 이후에 대한 연구에서, 살린스는 외부로부터의 사상, 사물, 풍습이 해당 문화에 의해 흡수되거나 "정돈(ordered)"되지만 그 과정 중에 (한 번 특정한 임계점을 초과하게 되면) 문화 자체가 "재-정돈(re-ordered)" 된다는, 문화적 변화의 변증법적 이론을 서술했다.[15]

또 다른 유용한 은유는 '결정화(crystallization)'이다. 문화적 만남과 교류가 이뤄질 때, (당신이 이를 허용한다면 '자유', 혹은 불허한다면 '혼돈'이라 표현할 수 있을) 상대적 유동성의 시기가 점차 유동체가 응고·응결되어 기존 틀에 편입되며 변화에 저항적이 되는 시기로 전환된다는 점을 암시하기 위해 이 용어를 사용한다. 기존 요소들은 새로운 양식 속에 배열된다. 사회학자 노르베르트 엘리아스의 표현에 따르면 새로운 "형상(figuration)"이 나타난다. 이러한 과정이 어떻게 일어나는지, 어느 한도까지 무의식적이고 집단적으로 결정화와 재배치가 이루어지고 얼마만큼 창조적인 개인들이 개입할 수 있는지를 이야기하는 일은, 불가능하진 않지만 매우 어렵다. 그럼에도 이러한 문화적 교류의 측면은 우리가 과거, 현재, 미래 중 어느 때를 고려하느냐에 관계없이 분명 강조될 필요가 있다.

앞선 몇 문단을 요약하는 동시에 그것을 전지구화의 결과라는 문제에 적용시키기 위해, 나는 스웨덴 인류학자 울프 한네르와 다른 이들의 의견을 참고하여, 우리가 지금 새로운 형태의 문화적 질서가 창발하는 순간을 목격하고 있다고 제안하려 한다.[16] 이는 전지구적 문화의 질서인 동시에, (지역유형 이론가인 칼 폰 쉬도브의 의견이 옳다면) 서로 다른 지역 환경에 적응함으로써 빠르게 다양화될 수도 있는 질서이다. 다시 말해 오늘날의 혼종적 형태들이 반드시 균질적인 전지구적 문화의 형성을 위한 단계인 것은 아니다.

우리는 균질화 이론가나 혼종화 비판자들이 제공하는 불편한 통찰을 무시하지 말아야 한다. 원심력과 구심력 간의 평형 상태가 결국에는 후자 쪽으로 기울 가능성도 존재한다. 하지만 내가 가장 설득력 있다고 생각하는 우리의 과거, 현재, 미래의 문화들에 대한 분석은, 새로운 질서의 탄생과 새로운 지역유형의 형성, 새로운 형태의 결정화, 문화의 재배치, '세계의 크레올화'를 예견하고 있다.

해제

문화 혼종성의 현실과 곤경

이택광(문화평론가, 경희대학교 영미문화전공 교수)

문화 혼종성(cultural hybridity)이라는 용어는 이제 식상한 느낌마저 주는 것 같다. 모든 문화가 이질적 문화들의 교류를 통해 빚어진 것이라는 사실을 부정할 사람은 없을 것이기 때문이다. 기원과 순수에 대한 집착은 곧잘 전체주의적인 편향으로 받아들여지고, 이런 사고에 빠져 있는 사람들은 종종 우스꽝스러운 모습으로 희화화되기 일쑤이다. 피터 버크가 쓴 『문화 혼종성』이 말하고 있는 그 혼종성은 결과적으로 '다문화'라는 새로운 시대적 현실과 무관하지 않다고 할 수 있다. 말하자면, 다양한 문화와 그것이 뒤섞이는 현상은 거부할 수 없는 실체로 우리 앞에 있는 것이다.

이 글은 이런 다문화 현상, 또는 다문화주의(multiculturalism)라고 부를 수 있는 현실에 대한 논의를 위한 것이다. 이 논의는 버크의 책에 대한 해제이자 동시에 보완이기도 하다. 버크의 책보다 진전된 문제의식을 제시하는 것이 이 글의 목적이라는 점에서, 단순하게 다문화라는 하나의 범주에 대한 해설에 그치지 않을 요량이다. 단순한 개요라기보다 다문화에 대한 태도를 결정지은 역사적 연원들을 살펴보고, 다문화주의의 한계에 대한 비판도 포함하고 있다. 다소 골치 아프지만, 한 번쯤 짚어보고 넘어가야 할 이 문제들에 대해 본격적으로 파고들어 보자.

다문화주의는 이미 오래 전부터 사회정책이나 문화 현상을 설명하기 위한 중요한 문제로 인식되어왔다. 다문화주의라는 말은 1970년대 캐나다와 호주에서 "민족국가 내에서 인종 다원주의를 지원하기 위한 정부의 정책"(Bennett, 226)을 이르는 용어로 처음 등장했다. 중요한 것은 다인종이나 다민족으로 이루어진 국가라는 '정치체(polity)'를 관리하기 위한 정책의 용어가 바로 다문화주의였다는 사실이다. 따라서 이 용어의 쓰임새는 대규모 이민정책과 무관하지 않다고 할 수 있다. 다문화주의는 곧 이민정책의 일환이자 전략이기도 했던 것이다.

세계화의 가속에 따른 경제 통합은 다문화주의가 단순한 현상에 머무는 게 아니라 더욱더 강력한 이데올로기적 영향력을 발휘하도록 만들고 있다. 말하자면, 이제 '다문화'라는 용어는 단지 '많은' 문화를 병렬적으로 전시해놓은 이미지를 떠올리게 만드는 것이 아니라, 문화와 이데올로기의 문제를 중심으로 회전하는 중요한 문화정치학의 의제로 부상하고 있는 것이다. 다문화주의는 조화로운 민족국가 단위의 일국공동체를 전제하면서도, 또한 그 일국의 범위가 제한적일 수밖에 없다는 사실을 부각시키는 효과를 발휘한다. 다문화주의가 이데올로기로서 작동하는 방식은 이처럼 역설적이다.

다문화주의는 처음부터 정치권력과 분리할 수 없는 용어이기도 하지만, 또한 이 용어의 함의에 민족국가 중심의 이민정책과 다른 '진보적 내용'이 담겨 있다는 사실도 간과할 수 없는 문제이다. 이런 측면에서 1965년 캐나다 왕립심의위원회(Royal Commission)가 만들어낸 이 용어가 정부의 이민정책을 기초하고 실행하는 기준으로 쓰인 것은 의미심장한 일이다. 왕립심의위원회는 영연방국가들 간에 발생하는 여러 가지 문제들에 대한 해결책을 내놓기 위해 결성된 기구인데, 이들이 처음 다문화주의라는 말을 기초할 때 전제했던 것은 이민자들에 대한 평등권 보장, 이질성에 대한 인내와 포용이었다.

따라서 다문화주의는 원칙적으로 사회적 교의(doctrine)

를 내포하고 있는 이데올로기라고 볼 수 있으며, 다문화정책은 동화정책에 비해서 상대적으로 이민자들과 타문화에 대한 관대한 태도를 권장하는 성격을 띠고 있다고 할 수 있다. 그러나 다문화주의가 동화주의에 대항하는 테제로 등장했다고 해서 일관성을 갖는 것은 아니다. 다문화주의의 기원과 무관하게 이 용어는 다양한 정책적 실천을 통해 '오염'되었고, 최초의 취지와 관계없이 불편한 결과들을 초래하고 있는 것도 사실이기 때문이다.* 국가에 따라 달리 나타

★ 김미성은 다문화주의를 세 가지 유형으로 분류하면서 다음과 같이 정의한다. "첫째는 자유주의적 다문화주의로 이것은 사회 통합을 위한 문화적 다양성을 허용하여 인종 집단의 존재를 인정하지만, 시민 생활과 공적 생활에서는 이를 인정하지 않고 주류사회와 문화, 언어, 사회 관습을 따를 것을 요구한다. 차별을 금지하고 사회 참여를 위한 기회의 평등만 확보된다면 주류사회와 소수집단과의 차별과 불평등 구조는 사라질 것이라고 가정한다. 둘째, 조합주의적 다문화주의는 자유주의적 다문화주의보다 다양성의 승인이 조금 더 보장될 수 있다. 자유주의적 다문화주의가 단지 기회의 평등을 지향한다면 조합주의적 다문화주의는 차별 금지에 그치지 않고 사회적 소수자의 경쟁상 불이익을 인정하여 이들의 사회 참여를 위한 적극적인 재정적, 법적 지원을 통한 결과의 평등을 의도한다. 세 번째 유형인 급진적 다문화주의는 소수집단이 '자결 원칙'을 내걸고 문화적 공존을 넘어 소수집단만의 공동체를 지향하는 경향이 대단히 강한 경우이다. 소수집단의 자결은 공동체의 분리독립이라는 높은 수준의 요구에서부터 자신들과 관계된 복지, 교육 등의 생활 부문에서 정책 결정의 자결권을 요구하는 수준까지 그 범위가 다양할 수 있다"(김미성, 428).

나는 이런 다문화주의의 수용 양상에 대한 지적은 많은 현장 연구를 수반해야 하겠지만, 이 글은 다문화주의라는 용어와 이론 체계에 함의되어 있는 정치적 의미들에 논의를 제한하고자 한다.

이런 제한성 내에서 이 글은 다문화주의에 대한 몇 가지 입장들, 특히 상반된 두 사상가의 입장을 살펴보려 한다. 먼저, 차이의 정치학과 다문화주의가 맺는 관계를 고찰하는 찰스 테일러(Charles Taylor)의 주장을 점검하고, 이와 다른 견해를 통해 다문화주의를 급진적으로 비판하는 슬라보이 지젝(Slavoj Žižek)의 관점을 고찰하고자 한다. 테일러는 다문화주의를 근대성에 내장되어 있는 기본 원리라고 파악하면서 차이의 정치학으로서 옹호하는 한편, 지젝은 다문화주의 자체를 자유주의적 환상이자 기만으로 인식하면서 비판을 제기한다. 테일러와 지젝의 논점을 가르는 기준은 차이의 정치학에 대한 태도에 있다고 볼 수가 있다. 두 이론가의 고찰을 통해 이 글은 다문화주의라는 '교의' 또는 '현상'에 담겨 있는 내재적 의미들을 알아보고, 일반적인 다문화주의 논의를 넘어설 수 있는 지점들을 살펴볼 것이다.

테일러의 다문화주의 이론과 그 한계

다문화주의를 사회적 교의로 보고 근대성을 구성하는 기본 원리로 차이의 정치학을 제시하는 테일러의 입장에서, '다문화'라는 범주는 기본적으로 '인정(recognition)'의 문제와 관계된다. 테일러는 다문화주의야말로 타자를 통한 정체성의 인정이라는 서구 근대성의 원리에 내장되어 있다고 주장한다(Taylor 1994, 25). 민족의 인정욕구가 민족주의와 연동하는 것이라면, 소수와 하위(subaltern)집단의 인정욕구는 다문화주의와 관련을 맺는다.

따라서 다문화주의는 민족주의를 통해 형성된 '민족 정체성'과 충돌하는 타자의 정체성을 포용한다는 정치적 문제를 내포하고 있다. 테일러는 서구 문명의 발전에서 필연적으로 대두한 '본래성(authenticity)'이라는 범주의 계보학을 추적하면서, 어떻게 이런 자기 정체성에 대한 추구가 다문화주의로 연결되는지 해명하고자 한다. '신'이라는 범주가 내재적 도덕의 범주로 대체되고, 이렇게 출현한 도덕의 범주를 통해 어떤 방식으로 '개인성'의 핵심을 이루는 '독창성

(originality)'이라는 개념이 등장하게 되는지, 테일러는 역사적 고찰을 통해 제시한다.

테일러의 논의는 일찍이 『자아의 원천(*Sources of the Self*)』에서 근대성과 언어의 문제를 거론하면서 이미 구체화되었다. 테일러는 언어를 광의의 맥락에서 인정을 위한 조건으로 간주하는데, 이런 생각은 대표적으로 요한 고트프리트 헤르더(Johann Gottfried Herder)를 통해 뒷받침된다. 헤르더는 언어가 민족주의의 형성에서 필수적이라고 파악했던 철학자였다. 물론 여기에서 헤르더가 전제하는 언어는 단순한 '민족어'를 뜻하는 것이 아니라, 문화코드 또는 인식 체계를 의미한다고 할 수 있다. 언어를 통한 정체성 확립은 일차적으로 내재적 도덕률을 독창성의 원천으로 생각했던 사상에서 발전해온 것이다. 헤르더에 따르면 개인성의 인정을 토대로 민족성의 인정이 이루어지는데, 예를 들어 독일 민족이라면 독일인의 본래성에 맞게 자기 인식을 획득해야 한다는 생각이 이런 논리를 통해 출현하게 되었다. 테일러는 다음과 같이 주장한다.

> 헤르더적인 민족주의의 등장 이전에 미국, 프랑스, 그리고 특별한 방식으로 성립한 영국 같은 근대 민족국

가의 흐름에서, 일관성을 부여한 토대는 정치적 민족과 시민권에 대한 특정한 이상이었다. 그러나 이들 국가들을 뒤따라 유럽 사회에서 실현되었던 민족 구성의 과정에서는, 언어가 지배적인 원리로 작동했다. 언어는 서로 다른 인민의 특성을 나타내는 표현적 용어에 기초해서 만들어진 민족주의 이론을 위한 명백한 토대였다. 말하자면, 언어는 헤르더적인 방식으로 이해될 수 있는 '표현적(expressive)' 이론이었다(Taylor 1989, 415).

이와 같은 관점에서, 테일러는 다문화주의의 형성에서 언어의 역할을 중요하게 생각한다. 언어를 민족어의 차원을 넘어서서 "표현적 이론"으로 파악했을 때, 인정의 과정은 자신을 표현하고 타자의 표현을 이해하는 방식으로 상호적인 관계를 맺을 수밖에 없다. 이런 맥락에서 테일러는 자기 정체성의 확립 과정을 "대화적(dialogical)"이라고 명명하는 것이다. "인간 삶에서 대화가 기본이다"라는 것이 테일러의 주장이다(Taylor 1994, 32). 인간이라는 행위자는 자기 자신을 인지하면서 완전한 주체로 태어난다. 이때 자기 자신을 인지할 수 있는 방법이 타자의 언어를 통해 자기를 비추어

보는 과정이다. 이 과정을 가능하게 해주는 매개가 바로 광의의 언어인 것이다. 이 언어야말로 테일러가 말하는 "표현의 언어"이다.

따라서 언어가 기본적으로 표현적이라면, 결코 독백에 머물 수가 없다. 언어는 타자와 관계를 맺게 만드는 중계자이자, 동시에 자기 자신을 인지하게 만드는 수단이기 때문이다. 언어가 타자를 전제할 수밖에 없다면, 이 관계는 필연적으로 평등한 조건을 선행시켜야 할 것이다. 테일러와 같은 논리에서 보면, "독백을 이상적인 것으로 생각하는 태도는 인간 삶에서 대화적인 것이 차지하는 위치를 과소평가하는 일"에 지나지 않는다(Taylor 1994, 33). 독백에 방점을 찍는 생각은 기원을 일자로 파악하는 태도인데, 테일러는 이런 입장을 지지하지 않는다. 테일러의 관점은 정체성의 확립과 언어의 대화성을 밀접한 관계로 보고, 기원부터 차이가 존재할 수밖에 없다고 간주하는 것이다. 자기 자신만으로 완벽한 존재는 자기를 인지할 수도 없고, 따라서 인정을 획득할 수도 없다.

이런 방식으로 테일러는 다문화주의를 긍정적인 정치학으로 인준한다. 정체성이라는 것이 태생적으로 '우리는 어디에서 왔는가'라는 질문을 내포한다고 했을 때, 테일러의 주장은 일정한 설득력을 갖는다. 그러나 테일러가 "내가 가장 가치 있게 생각하는 것들은 내가 사랑하는 사람과 그것이 관계를 맺을 때 나에게 접속될 수 있다"고 말할 때, 그리고 그 사랑하는 사람이 "나의 정체성을 구성하는 부분"이 된다고 진술할 때(Taylor 1994, 34), 과연 그의 다문화주의가 규정하고 있는 인정의 의미가 무엇인지 의문이 들 수밖에 없다. 물론 테일러는 이 정체성 구성의 과정을 갈등으로 파악하고, 조화로운 다문화의 달성을 평등에 대한 요구와 등치하고 있기는 하다.

그러나 테일러의 주장에서 문제 삼을 수밖에 없는 것은, 그의 논의에서 전제하는 평등한 정체성의 실현이 다문화주의라는 교의를 통해 보장되지 않는다는 점이다. '다르면서 같이 어울려 살기'라는 다문화주의적인 이상은 그 실현의 과정에서 전혀 다른 양상을 드러내게 마련이기 때문이다. 다문화주의 자체가 이질적 문화의 조화를 확보해주는 것이 아니라, 다문화주의에 대한 '요구'가 평등의 문제를 제기하는 것이라는 사실을 그의 주장은 간과하고 있다. 말하자면, 그의 논리에 따르더라도 다문화주의는 오히려 평등을 실현하는 교의라기보다 그것을 인지하고 요구하는 계기를 제공하는 것이다.

다문화주의가 근대 민족국가의 특징이라는 테일러의 지적은 타당하지만, 이 교의가 서로 다른 개인의 권리나 다양한 문화의 차이를 인정하는 수준 이상으로 넘어갈 때 비로소 다양한 문제점들이 대두한다는 사실을 숙고할 필요가 있다. 다문화주의로 인해서 하나의 민족국가가 기실은 이질적 문화의 모자이크에 불과하다는 인식에 도달하는 순간, 이 교의는 이데올로기적 토대를 구성하는 민족주의와 충돌할 수밖에 없다. 이런 까닭에 문제의 본질은 특정 국가 또는 민족공동체가 다문화주의라는 사회적 교의를 받아들일 것인지 말 것인지에 대한 결정의 선행 여부이다.

예를 들어, 프랑스의 경우 다문화주의에 대한 논의는 "한 국가의 모든 국민들이 자신들의 서로 상이한 개별 민족의 '조상'을 자랑스러워하고, 국민 개개인이 각각의 다른 민족에 속한다고 느끼는 감정을 인정할 것인가"(김미성, 429) 하는 문제와 직결되어 있다. 이런 생각은 명백하게 프랑스혁명 이후 '분리될 수 없는 하나의 국가'를 지향하는 프랑스의 민족주의에 위배되는 것이다. 이런 까닭에 다문화주의는 민족주의와 조화롭게 공존할 수 있는 가능성보다, 민족공동체를 구성하는 그 '본래성'과 충돌할 가능성이 높은 것이라고 할 수 있다.

2005년 프랑스 소요사태는 다문화주의에 대한 요구를 촉발시켰지만, 이런 상황이 긍정적인 효과만을 초래하고 있는 것은 아니다. 원칙적으로 동화정책을 지지하고 있던 프랑스가 소요사태 이후 다문화주의에 대해 활발하게 논의하기 시작했다는 사실은 테일러의 주장에 대한 하나의 반론을 제시하는 셈이다. "프랑스 '소요사태'는 이민자의 동화가 현실적으로 어려우며 동화되었다고 해도 사회적 분리와 배제로 인한 문화 간 충돌이 발생할 수 있다는 점을 분명히 드러낸 사건"이라는 점을 무시할 수 없다. 동화주의의 실패가 다문화주의에 대한 요구로 나타났다고 판단하는 것은 너무 피상적인 해석에 근거를 둔 것처럼 보인다. 비록 동화주의가 실패했다고 해도, 다문화주의는 여전히 공화국이라는 프랑스 민족주의의 토대를 부정하는 것으로 받아들여지고 있기 때문이다(김미성, 445).

　이런 까닭에 다문화주의는 궁극적으로 민족주의를 대체하거나 보완할 수 없는 교의이다. 왜냐하면 테일러 자신도 주장하듯이, 다문화주의는 민족주의의 본래성 또는 고유성에 기반을 두고 있기 때문이다. 민족주의가 없다면 다문화주의도 불가능하다. 다문화주의는 민족주의의 불완전성으로 인해 필요한 '대체보충(supplement)'인 것이다. 자신의 조상에 대한 자랑스러움을 여전히 간직한다는 측면에서 다문화주의도 민족주의가 제공하는 본연의 민족성에 대한 환상을 공유하고 있다는 사실을 확인할 수 있다. 따라서 프랑스의 경우에서 확인할 수 있듯이, 결국 다문화주의는 동화주의의 다른 측면에 지나지 않는 것이라고 할 수 있다.★

다문화주의에 내포되어 있는 이와 같은 문제에 대한 강력한 비판을 지젝의 주장에서 발견할 수 있다. 지젝은 다문화주의에 대해 진지하게 비판하는 이론가 중 한 명이다. 지젝의 비판은 다문화주의에 내장되어 있는 자유주의적 보편주의와 탈근대적 회의주의 모두를 거부하는 입장을 취하면서, 다문화주의를 기만적인 담론으로 규정한다. 이런 지젝의 비판을 구성하는 논리는, 다문화주의가 세계화라는 자본주의 보편화(universalization)의 국면에서 '민족-국가'의 정체성을 해체하는 것이 아니라 오히려 강화하는 구체적인 근거로서 기여하고 있다는 것이다. 지젝의 주장은 다문화주의라는 담론의 역설을 지적한다는 점에서 흥미로운 지점

★   이런 논리에 따라, 프랑스에서 다문화주의는 공화국이라는 민족 정체성을 분열시키는 위험 요소로 간주되어서 배척되거나, 아니면 수용되더라도 이민자들을 통합시키는 모델들 중 하나로 받아들여진다.

들을 보여준다. 그러므로 지젝의 논의를 중심으로 테일러가 제기하는 다문화주의의 한계를 구체적으로 살펴보는 것은 다문화주의의 전모를 파악하기에 유용한 작업이 될 것이다.

지젝의 다문화주의 비판

모든 추상성은 구체성을 요구한다. 사회적 모순은 그 자체로 나타나는 것이 아니라 인종이나 '다른 민족' 같은 구체적인 기표나 상징을 통해 드러나는 것이다. 이런 맥락에서 다문화주의는 세계화의 국면을 통해 발생하는 다양한 민족적 갈등을 보편성이라는 화합의 기표로 '억압'한다는 것이 지젝의 진술이다. 물론 앞서 테일러도 지적하듯이, 다문화주의가 전제하고 있는 민족의 차이는 평등을 전제하는 것이다. 그러나 이렇게 차이에 근거한 평등은 겉으로 보기에 민주주의적인 것처럼 보이지만, 사실은 현실의 위계를 질서화하는 탈정치성을 내포한다. 민주주의라는 체제 자체가 정치적인 것을 억압하고 관리하는 장치라는 인식이 여기에 깔려 있다.

이런 논리에 기초해서 전개하는 지젝의 주장은 다문화주의를 자유주의적 기만이라고 생각한다는 점에서 파격적이다. 한편으로 지젝의 비판을 자유주의적 다문화주의를 대상으로 삼는 것이라고 축소 해석할 수도 있겠지만, 최근 『가디언(The Guardian)』에 기고한 칼럼에서 다문화주의가 인종주의라는 오래된 야만을 인간적인 얼굴로 만들어주는 가면에 불과하다고 비판했다는 것을 상기한다면, 지젝이 다문화주의의 논리 자체를 도마에 올리려고 한다는 사실을 부정하기 어렵다. 지젝의 비판은 자유주의와 연동하는 서구 중심주의에 대한 거부를 암시하는 것이다. 이런 지젝의 태도는 최근 무바라크 정권을 무너뜨린 '이집트혁명'에 대한 관점에서도 선명하게 드러난다.* 서구 사회는 직접적인 인종주의를 거부하는 대신 다문화주의라는 '합리적인' 인종주의적 척도를 설정한다는 것이 지젝의 요지이다. 이런 주장은 자유주의 일반에 대한 비판을 내포하는데, 지젝에 따르면 진보적인 자유주의자는 인종주의를 혐오하지만 실제 현실에서는 구체적인 이민자 문제로부터 적절한 거리를 유지하려고 한다는 것이다. 다문화주의는 바로 이 '거리'를 유지·관리할 수 있는 논리적 '이유'를 제공한다. 말하자면, 다문화주의는 이민자들을 민족공동체로 '통합'하는 것을 목표로 삼는다기보다, 평등에 대한 이민 집단의 요구 자

★   이에 대한 논의는 다음을 볼 것. Slavoj Žižek, 'Why fear the Arab revolutionary spirit?', *The Guardian*, 2011 (http://www.guardian.co.uk/commentisfree/2011/feb/01/egypt-tunisia-revolt).

체를 가로막기 위해 발명된 것이라고 할 수 있다.

자유주의자들은 말한다. "다른 나라에서 온 사람들이라도 괜찮습니다. 나는 그들을 존중합니다. 하지만 그들이 내 공간을 너무 많이 침해하는 것은 참을 수가 없습니다. 그들이 그렇게 하면 불안합니다―나는 차별철폐조처(affirmative action)를 전적으로 지지하지만, 큰소리로 흘러나오는 랩음악을 듣고 싶진 않습니다." 후기 자본주의 사회에서 인권과 관련해서 핵심적으로 제기되는 것은 타인에게 침해를 받지 않을 권리이다. 말하자면 타인과 일정한 거리를 유지할 권리가 중요한 것이다. 자살테러를 계획한 테러리스트는 치외법권의 빈 공간인 관타나모에 수용시켜서 격리해야 한다. 근본주의자들은 혐오감을 조장하기 때문에 침묵해야 한다. 이런 사람들은 나의 평화를 방해하는 독극물 같은 주체들이다.**

**　　Slavoj Žižek, 'Liberal multiculturalism Masks an Old Barbarism with a Human Face', *The Guardian*, 2010 (http://www.guardian.co.uk/commentisfree/2010/oct/03/immigration-policy-roma-rightwing-europe).

이민자들의 시민권 획득을 지칭해서 '귀화(naturalization)', 곧 '자연화'라는 용어로 표현하는 것 자체가 상당히 징후적이라고 할 수 있다. 카페인 없는 커피라든가, 알코올 없는 맥주 같은 모순을 자연스러운 것으로 받아들이는 심리 상태가 이 '귀화-자연화'의 과정에 개입한다. 민족국가 또는 공동체를 본래적으로 구성하고 있던 시민들보다도, 이들이 훨씬 더 친숙하게 '세계화'의 논리를 체화하고 있다는 사실에 주목할 필요가 있다. 복지국가 패러다임의 종언 이후, 이민자들은 설령 귀화를 하더라도 이제 위기를 자연스러운 삶의 조건으로 받아들일 수밖에 없다. 마찬가지로 공산주의 국가의 몰락 이후에 국가권력이 기업처럼 국가를 경영하는 것이 자연스럽게 받아들여지게 됐다. 이와 같은 현상은 후기 자본주의가 초래한 새로운 조건인 것이다.

귀화의 문제는 '자기-식민화(self-colonization)'와 무관하지 않다. 지구적인 자본주의화는 민족국가라는 구체적 형식을 근거로 삼아 보편성을 획득한다. 자본주의는 기본적으로 다민족주의적이기 때문에, 자본의 지구화는 국제적 대도시와 식민지 국가 사이에 존재하는 차이를 무화시켜버리는 것이다. 예를 들어, 서울은 국제적 대도시로 성장하면 할수록 한국의 수도의 자리에 머물지 않고, 뉴욕이나 런던에 가까워진다. 지젝의 언급처럼, "지구적 기업은 어머니 조국과 이어진 탯줄을 자르고, 자신의 모국을 식민화한 다른 영토로 간주"(Žižek, 43)함으로써, 식민화의 의미를 전도시켜버린다.

지구화를 통한 보편화가 대도시라는 공간을 일국적 공간에서 분리시키는 경우와 마찬가지로, 기업 역시 일국 단위를 벗어나는 순간 내수시장을 타자화할 수밖에 없다. 지구화의 국면에서 우파적인 인기영합주의자들은 이 과정을 불편하게 느끼고 인종주의적인 발언을 강화한다. 프랑스의 장 마리 르 펜(Jean-Marie Le Pen)같은 극우 정치가가 주장하는 외국인 추방론이 정확하게 이를 반영한다.

그러나 이런 애국적인 배타주의는 지구적 자본주의에서 아무런 힘을 발휘하지 못한다. 오히려 이들의 현현에서 대다수 '다국적인들'은 공포나 혐오를 느낀다. 흥미롭게도 이런 태도는 과거에 프랑스인이나 미국인이 멕시코나 브라질, 또는 타이완에서 '이방인들'에게 취했던 그것과 흡사하다. 일종의 역전 현상이 발생하는 것이다. 이런 아이러니를 지젝은 G. W. F. 헤겔의 용어를 빌려서 '부정의 부정'이라고 명명하고 있다.

그러므로 오늘날 지구적 자본주의는 일국적인 민족자본주의와 그것의 국제적이고 식민주의적인 국면 이후에 다시 한 번 되풀이되는 '부정의 부정'이라고 부를 만한 것이다. 시작부터(물론 이상적인 기원을 전제하는 것이지만) 민족국가의 경계 내에서 자본주의는 국제적 무역(독립적인 민족국가들 사이에서 이루어지는 교환)을 수반하면서 존재했다. 그 다음에 등장한 것이 식민화를 수행하는 국가가 식민지를 복속시키고 (경제, 정치, 문화적으로) 착취하는 식민화의 관계였다. 이 과정이 도달한 마지막 단계가 식민지 모국 없이 오직 식민지들만 존재하는 역설적인 식민화였다—식민지 권력이 이제 일국적인 민족국가에서 직접적으로 지구적 기업으로 바뀐 것이다. 오랜 기간 동안 우리는 바나나 공화국이라는 문구가 새겨진 티셔츠를 입어야 할 뿐만 아니라 바나나 공화국들에서 직접 살아야 하는 것이다(Žižek, 44).

이 상황에 가장 잘 들어맞는 자본주의의 이데올로기가 바로 다문화주의라는 것이 지젝의 분석이다. 말하자면, 다문화주의는 내적 논리에 담겨 있는 긍정적 함의 때문에 섣불리

반대할 수 없는 자발적 강제력을 가지며, 세계화라는 현실과 맞물려서 민족국가-공동체에서 유효했던 정치적 기획들을 무효화시키는 역할을 하고 있다고 할 수 있다. 특히 미국에서 다문화주의는 문화 다양성과 동의어로 취급받기 때문에, 이에 대한 비판을 자유롭게 제기하는 것은 상당히 어려운 일이다. 따라서 이런 다문화주의의 강제력 앞에서 러셀 제이코비(Russell Jacoby)가 지적하는 '경험적 다문화성'이라는 다문화주의의 신화는 협소한 시각에 지나지 않는다.

제이코비는 미국의 일상생활을 예로 들면서, 초·중·고등학교와 대학교의 인종 혼합, 새로운 이민자들, 각국에서 온 다양한 음식을 파는 식당이나 식품들을 통해 "새로운 문화 이종성(cultural heterology)의 조합을 일상에서 쉽게 목격할 수 있다"(Jacoby, 125)고 말한다. 이들이 이루고 있는 일상의 세계는 분명히 '작은 유엔'을 이루고도 남을 것처럼 보인다는 말이다. 그러나 이런 일상은 궁극적으로 '미국화'라는 전제를 부정하지 않는 선에서 가능하다. 미국이라는 다문화적인 공간을 구성하기 위한 요소로서 다채로운 일상생활이 용인받는 것이다.

이민자들은 처음에 고유의 취향을 고집하면서 상품을 구매하지만, 시간이 지나면서 뚜렷하게 미국화의 성향을 드러낸다. 이 지점에서 중요한 것이 '소비'의 행위이다. 따라서 제이코비가 지적하듯이, 미국에서 가장 뚜렷한 다문화주의자는 바로 기업들이다. 문화적 다양성과 차이들, 그리고 '탈경계'라는 범주들은 포스트포드주의 이후에 다품종 소량생산을 중심으로 재편된 새로운 축적 방식의 논리를 구현하는 것처럼 보인다. 또한 자본의 전일화가 일정하게 진행되어버린 서구 자본주의 사회에서 문화의 다양성은 인종과 민족 간의 공평성을 드러내는 동시에 사회의 풍성함을 나타내는 지표처럼 보이기도 하는 것이다.

지젝의 비판은 이런 일반적인 문화적 다양성에 대한 요청을 어떻게 자유주의가 다문화주의라는 기표를 통해 포섭하는가에 맞춰져 있다. 실제로 다문화주의는 타자에 대한 '배제'를 '거리두기'로 바꾸는 전략에 지나지 않음에도, 다문화주의를 지구적 자본주의 시대의 대안인 것처럼 주장하는 역설을 보인다. 이것이 바로 다문화주의라는 이데올로기의 작동 방식이다. 이런 까닭에 지젝은 다문화주의를 "다국적 자본주의 시대의 문화 논리"라고 말하는 것이다.

다문화라는 정상성

지젝에 따르면, 다문화주의라는 형식의 논리는 지역문화를 '토박이(native)'로 취급하면서 앞으로 더 많은 것들이 연구되고 존중되어야 하는 것처럼 취급하게 만든다. 이런 방식은 실제로 식민지 모국이 식민지를 대하던 방식을 되풀이하는 것이기도 하다. 테일러의 논의에서 살펴본 것처럼, 민족의 본래성이라는 범주 자체가 개인에게 내재하는 '도덕률'의 확대 적용이라고 할 수 있다. 민족의 본래성이란 근본적으로 이런 방식에 따라 구성된 것에 지나지 않는다. 이런 관점에서 다문화주의에 대한 지젝의 비판은 설득력을 갖는다. 지젝에 따르면, 과거의 전통적인 서구 식민주의와 지구적 자본주의 시대의 다문화주의는 정확하게 같은 논리를 드러내고 있는 것이다. 강제적 식민화와 자발적 식민화라는 차별성이 있긴 하지만, 다문화주의에 내재한 논리는 기본적으로 '정상성(normality)'을 타자의 배제를 통해 달성하고자 했던 근대적 식민주의와 별반 다를 것이 없다는 주장이다.

식민주의와 다문화주의를 동일한 선상에 놓는 지젝의 발언은 다문화주의를 작동시키는 그 원리가 민족주의의 논리와 형식상 동일한 이데올로기적 구조 내에 있다는 사실을 폭로한다. 물론 지젝의 주장은 식민주의와 다문화주의가 동일하다고 말하는 것이 아니다. 핵심은 이데올로기의 형식에서 유사성을 발견할 수 있다는 점이다. 여기에서 지젝은 '유럽 중심주의(Eurocentrism)'를 비판하려는 속내를 드러낸다. 식민주의나 다문화주의나 모두 유럽 중심주의라는 이데올로기적 형식을 공유하고 있다는 사실을 지적하는 것이 지젝의 목적이다. 말하자면, 다문화주의라는 이데올로기적 형식 자체가 유럽의 시선을 통한 타자의 재현 체계를 의미하는 것이다. 이 시선에 노출되는 순간, 타자의 문화는 연구되고 존중받아야 하는 '원시문화'로 전락한다.

그러나 다문화주의가 전통적인 식민주의와 다른 형식의 논리를 드러내는 것도 분명하다. 이런 차이를 발생시키는 원인이 바로 '자기 식민화'이다. 레이 초우(Rey Chow)는 이 문제를 '원시적 열정(primitive passion)'이라는 개념으로 설명한다. 원시적 열정은 곧 '원시적인 것'에 대한 향수를 의미하기도 한다. 초우에 따르면, 원시적인 것은 "문화적 위기"의 순간에 출현한다는 특징을 갖는다(Chow, 22). 문화적 위기는 과거에 지배적이었던 문화가 더 이상 의미화를 독점하지 못할 때 발생한다.

초우가 지적하는 원시적인 것의 출현은 지젝이 말하는 구체성과 보편성의 관계를 연상시킨다. 이데올로기가 보편성을 획득하기 위해 필요한 것은 구체적인 것이다. 사회주의 리얼리즘에서 미학적 원칙으로 주장했던 '전형적인 것(the typical)'이야말로, 이와 같은 이데올로기의 보편화 원리를 적확하게 보여주는 장치라고 할 수 있다. 초우의 개념과 연관해서 지젝의 다문화주의 비판을 고찰해보면, 결론적으로 다문화라는 범주는 사후적인 차원에서 구성된 '원시적인 것'을 드러내는 이데올로기 형식이라고 생각할 수 있다. 다문화주의로 인해서 이민자들은 '자기 민족의 정체성'을 재구성하고, 다문화라는 정상성의 범주에 자신의 몫을 포함시킨다. 이 과정이 바로 동화의 과정이고 귀화의 경로이다. 결론적으로 다문화주의는 동화주의와 변별성을 강조하지만, 근본적인 작동 원리에서 유사성을 내재하고 있는 것이다.

이런 다문화주의의 문제는 앞서 논의했던 프랑스의 경우에도 확인할 수가 있다. 프랑스는 다문화주의를 공화주의적 정체성에 대한 위협으로 간주하지만, 문화의 다양성을 거부하는 것은 아니라는 진술이 이를 확인시켜준다. "프랑스는 '문화적 정체성'과 '정치적 정체성'을 구분하여 개인의 문화적 차이와 다양성은 얼마든지 수용하고, 그것이 프랑스 문화의 특징이라고까지 생각하지만, 다양성이 각기 다른 소수민족의 '집단적 정체성'과 관련될 때는 프랑스를 분열시킬 위험이 있는 것으로 판단하는 것"(김미성, 446)이다.

원시적인 것이 항상 사후적인 것에서 기원적인 것을 재구성해낸다는 사실을 감안한다면, 다문화주의는 지구적 자본주의가 강제한 '자기 식민화'의 과정에서 상실되어버린 '기원적인 토박이 문화'를 구성하는 논리이기도 하다. 이 과정은 전형화의 수순을 밟게 된다. 예를 들어, 본국에서 보기 드문 전통문화가 특정 국가나 민족의 정체성을 상징하는 기표로 보편화되는 것이 대표적이다. 21세기 한국을 대표하는 음식이 여전히 '김치'인 것이나, 밀가루 소비량이 쌀 소비량을 훌쩍 넘었음에도 여전히 '한국 사람은 밥심'이라는 전형성이 한국 문화의 정체성을 지시하고 있다는 사실도 이런 다문화주의적 논리와 무관하지 않다.

따라서 다문화주의는 보기보다 그렇게 다양하지 않다고 할 수 있다. 오히려 다문화주의는 다양성이라는 전제를 통해 지역문화를 재규정하는 역할을 한다. 여기에 적극적으로 지구적 자본주의의 과정을 통해 자기 식민화한 주체들은 "자기 완결적인 본래적 공동체"를 기원적인 것으로 상상하게 된다. 이런 까닭에 다문화주의는 "모든 적극적 만족으로부터 다문화주의자 자신의 자리를 제거해버리는 것"(Žižek, 44)이다. 이런 맥락에서 다문화주의는 마치 신자유주의의 '국익' 이데올로기처럼, 자기 해체적이고 모순적인 속성을 갖는 이데올로기라고 할 수 있다.

문화 다양성의 실현은 현실적으로 거부할 수 없는 사안이라는 것은 확실하다. 그러나 문제는 다문화주의의 설파에 시민권이나 주거권을 비롯한 정치적 사안을 봉합시켜버리는 억압의 기제가 감춰져 있을 수 있다는 점이다. 다양성이라는 이름으로 자신의 몫을 주장하는 정치적 목소리가 소음으로 취급되고, 집단의 정체성 정치에 집착한 나머지 세계화 국면에서 발생하는 근본적인 민주주의에 대한 요구가 서로 다른 이해관계를 조정하는 '정치적 거리'의 확보 문제로 치환될 위험이 항상 도사리고 있는 것이다. 다문화주의가 궁극적으로 차이를 전제한 동화정책의 변주에 불과하다면, 다문화라는 것은 사회적 의제라기보다 그 의제의 실패를 드러내는 징후라는 사실을 암시한다고 할 수 있다.

해제 참고문헌

김미성, 「2005년 프랑스 '소요사태' 이후 문화정책 재조명: 다문화주의 도입의 범위와 한계」, 『불어불문학연구』 82, 2010, 423~451쪽.

Bennett, Tony, Lawrence Grossberg and Meaghan Morris, *New Keywords: A Revised Vocabulary of Culture and Society*, Oxford: Blackwell, 2005.

Chow, Rey, *Primitive Passions: Visuality, Sexuality, Ethnography, and Contemporary Chinese Cinema*, New York: Columbia UP, 1995 [정재서 옮김, 『원시적 열정: 시각, 섹슈얼리티, 민족지, 현대중국영화』, 이산, 2004].

Foucault, Michel, *The Birth of Biopolitics: Lectures at Collége de France, 1978~1979*, Trans. Graham Burchell, London: Palgrave, 2008.

Jacoby, Russell, 'The Myth of Multiculturalism', *New Left Review* 1/208, 1994, pp. 121~126.

Jameson, Fredric, *Postmodernism, or, The Cultural Logic of Late Capitalism*, Durham, NC: Duke University Press, 1990.

Nacy, Jean-Luc, *The Creation of the World or Globalization*, Trans. Francois Raffoul and David Pettigrew, New York: State University of New York Press, 2007.

Ranciére, Jacques. *Aesthetics and Its Discontents*, Trans. Steven Corcoran, Oxford: Polity, 2009 [주형일 옮김, 『미학 안의 불편함』, 인간사랑, 2008].

Taylor, Chares, et. al., *Multiculturalism*, Ed. Amy Gutman, Princeton: Princeton University Press, 1994.

_____, *Sources of the Self: The Making of the Modern Identity*, Cambridge, MA: Harvard University Press, 1989.

Žižek, Slavoj, 'Multiculturalism, Or the Cultural Logic of Multicultural Capitalism', *New Left Review* 1/225, 1997, pp. 28~51.

미주

서문

1. Perry Anderson, *The Origins of Postmodernity*, London: Verso, 1998.
2. Marwan M. Kraidy, *Hybridity: Or the Cultural Logic of Globalization*, Philadelphia: Temple University Press, 2005, p. 3.
3. Jean-Loup Amselle, *Logiques métisses*, Paris: Payot, 1990 (영어판은 *Mestizo Logics: Anthropology of Identity in Africa and Elsewhere*, Stanford: Stanford University Press, 1998).
4. Jan Nederveen Pieterse, 'Globalization as Hybridization', *International Sociology* 9, 1994, pp. 161~184. 이 글의 주제를 확장한 책으로 *Globalization and Culture: Global Mélange*, Lanham, MD: Rowman & Littlefield, 2004가 있다. 또한 Marwan M. Kraidy, *Hybridity: Or the Cultural Logic of Globalization*도 참조하라.
5. Georgina Born and David Hesmondhalgh (eds.), *Western Music and its Others*, Berkeley: University of California Press, 2000.
6. Chris Rojek, *Stuart Hall*, Cambridge: Polity, 2003, p.49에서 인용.
7. Ien Ang, *On Not Speaking Chinese: Living Between Asia and the West*, London, 2001, p. 3.
8. Edward Said, *Out of Place*, London: Granta, 1999 [김석희 옮김, 『에드워드 사이드 자서전』, 살림, 2001]. 네루의 말은 Robert J.

C. Young, *Postcolonialism: An Historical Introduction*, Oxford, 2001, p. 348 [김택현 옮김, 『포스트식민주의 또는 트리컨티넨탈리즘』, 박종철출판사, 2005, 611쪽]에서 인용.

9   Nestor G. Canclini, *Culturas híbridas: estrategias para entrar y salir de la modernidad*, Buenos Aires : Sudamericana, 1992 (영어판은 *Hybrid Cultures: Strategies for Entering and Leaving Modernity*, Minneapolis: University of Minnesota Press, 1995) [이성훈 옮김, 『혼종문화: 근대성 넘나들기 전략』, 그린비, 2011]; Eduardo Archetti, *Masculinities: Football, Polo and Tango in Argentina*, Oxford: Berg, 1999.

10 José Vasconcelos, *La raza cósmica*, 1929 (영어판은 *The Cosmic Race*, Baltimore: Johns Hopkins University Press, 1997); Gilberto Freyre, *Casa-grande e senzala*, 1993 (영어판은 *The Masters and the Slaves*, New York: Knopf, 1946).

11 Marilyn G. Miller, *Rise and Fall of the Cosmic Race: The Cult of 'Mestizaje' in Latin America*, Austin: University of Texas Press, 2004; Joshua Lund, *The Impure Imagination: Toward a Critical Hybridity in Latin American Writing*, Minneapolis: University of Minnesota Press, 2006. 보다 폭넓은 맥락에 대해서는 Robert J. C. Young, *Colonial Desire: Hybridity in Theory, Culture and Race*, London: Routledge, 1995를 참조하라.

12 Steven Feld, 'The Poetics and Politics of Pygmy Pop', in Born and Hesmondhalgh (eds.), *Western Music and Its Others*, pp. 254~279.

13 Richard Grove, 'The Transfer of Botanical Knowledge between Asia and Europe, 1498~1800', *Journal of the Japan-Netherlands Institute* 3, 1991, pp. 160~176; Grove, 'Indigenous Knowledge and the Significance of South-West India for Portuguese and Dutch Constructions of Tropical Nature', *Modern Asian Studies* 30, 1996, pp. 121~143.

14 Antonio Cornejo Polar, 'Mestizaje and Hybridity: The Risks of Metaphors — Notes', 1997 (영어본은 *The Latin American Cultur-*

al Studies Readers, ed. Ana Del Sarto, Alicia Ríos and Abril Trigo, Durham NC: Duke University Press, 2004, pp. 760~764에 수록). 또한 Martin Lienhard, *La voz y su huella: escritura y conflicto étnico-social en América Latina, 1492~1988*, Habana: Casa de las Américas, 1990, p. 133과 여러 곳도 참조.

15 Gilberto Freyre, *Casa-grande e senzala*.
16 Melville J. Herskovits, 'African Gods and Catholic Saints in New World Negro Belief', *American Anthropologist* 39, 1937, pp. 635~643.
17 Fernando Ortiz, *Contrapunteo cubano*, Habana: J. Montero, 1940 (영어판은 *Cuban Counterpoint: Tabacco and Sugar*, 1947, 새 영어판은 Durham: Duke University Press, 1995); Alejo Carpentier, *La música en Cuba*, México: Fondo de Cultura Económica, 1946 (영어판은 *Music in Cuba*, Minneapolis: University of Minnesota Press, 2001).
18 Américo Castro, *España en su historia*, Buenos Aires: Editorial Losada, 1948 (영어판은 *The Structure of Spanish History*, Princeton: Princeton University Press, 1954).
19 Arnold J. Toynbee, *A Study of History*, Vol. VII, London: Oxford university press, 1954, 274ff., 472ff., 481ff.
20 Arnold J. Toynbee, *A Study of History*, Vol. VII, p. 495.
21 Arnold J. Toynbee, *A Study of History*, Vol. X, p. 143.
22 Arnaldo Momigliano, *Alien Wisdom: The Limits of Hellenization*, Cambridge: Cambridge University Press, 1975; Momigliano, *On Pagans, Jews and Christians*, Middletown, CT.: Wesleyan University Press, 1987; Glynn Bowersock, *Hellenism in Late Antiquity*, Cambridge: Cambridge University Press, 1990.
23 Franz Cumont, *Les religions orientales dans le paganisme romain*, Paris: E. Leroux 1909 (영어판은 *Oriental Religions in Roman Paganism*, London, 1911). 또한 David Frankfurter, 'Syncretism and the Holy Man in Late Antique Egypt', *Journal of Early Christian Studies* 11, 2003, pp. 339~385도 참조하라.

24 Peter Burke, *The European Renaissance*, Oxford: Blackwell Publishers, 1998의 서문 참조.

25 초기의 교회일치적 경향의 예는 Jean Delumeau, *Naissance et affirmation de la Réforme*, Paris: Presses universitaires de France, 1965를 참조하라. 또한 Thierry Wanegffelen, *Ni Rome ni Genève. Des fidèles entre deux chaires en France au XVIe siècle*, Paris: H. Champion, 1997도 참조하라. Wanegffelen은 Delumeau의 책의 개정판 작업에도 참여했다(Paris: Presses universitaires de France, 1997). 보다 폭넓은 개관을 위해선 William Monter, 'Religion and Cultural Exchange, 1400~1700', in Heinz Schilling and István G. Tóth (eds.), *Religion and Cultural Exchange in Europe, 1400~1700*, Cambridge: Cambridge University Press, 2006, pp. 3~24를 보라. 프로테스탄트 국가 영국에서의 가톨릭 저자에 관해서는 Jean Orcibal, 'Les spirituels français et espagnols chez John Wesley', *Revue de l'Histoire des Religions*, New Haven, 1954, pp. 125~135를 참조하라.

26 Gwyn Prins, *The Hidden Hippopotamus: Reappraisal in African History*, Cambridge: Cambridge University Press, 1980; Serge Gruzinski, *La colonisation de l'imaginaire*, Paris: Gallimard, 1988; Erik Zürcher, 'Jesuit Accommodation and the Chinese Cultural Imperative', in David E. Mungello (ed.), *The Chinese Rites Controversy*, Nettetal: Steyler Verlag, 1994, pp. 31~64.

27 Ronaldo Vainfas, *A heresia dos índios*, São Paulo: Companhia das Letras, 1995. 또한 Alida C Metcalf, 'Millenarian Slaves? The Santidade de Jaguaripe and Slave Resistance in the Americas', *American Historical Review* 104, 1999, pp. 1531~1559도 참조하라.

28 Ikuo Higashibaba, *Christianity in Early Modern Japan: Kirishitan Belief and Practice*, Leiden: Brill, 2001, 특히 pp. 29, 35, 38.

29 Fernando Ortiz, 'Los factores humanos de la cubanidad', 1939 (그의 책 *Etnia y sociedad*, Habana: Editorial de Ciencias Sociales, 1993, pp. 1~20에 재수록).

1 각양각색의 사물

1 N. A. Yevsina, 'L'viv', in Jane Turner (ed.), *Dictionary of Art*, Vol. XIX, London: Macmillan, 1996, pp. 835~837.

2 Henri Terrasse, *Islam d'Espagne: une rencontre de l'Orient et de l'Occident*, Paris: Plon, 1958; Ignacio Henares Cuéllar and Rafael López Guzman, *Arquitectura mudéjar granadina*, Granada: Caja General de Ahorros y Monte de Piedad de Granada, 1989; Gonzalo M. Borrás Gualis, *El Islam de Córdoba al Mudéjar*, Madrid: Silex, 1990, pp. 191~219. 산 로만 성당의 아랍어 장식에 관해서는 María Rosa Menocal, *The Ornament of the World: How Muslims, Jews, and Christians Created a Culture of Tolerance in Medieval Spain*, Boston: Little, Brown, 2002, p. 131을 참조하라.

3 Partha Mitter, *Indian Art*, Oxford: Oxford University Press, 2001, p. 87.

4 Partha Mitter, *Indian Art*, pp. 181~182; Guavin A. Bailey, *The Jesuits and the Grand Mogul: Renaissance Art at the Imperial Court of India, 1580~1630*, Washington, DC: Freer Gallery of Art, 1998.

5 Gilberto Freyre, *Ingleses no Brasil*, Rio de Janeiro: José Olympio, 1948(안타깝게도 이 선구적인 연구는 영어로 번역된 적이 없다. 개정판은 Rio de Janeiro: Topbooks, 2000); Sharon F. Patton, *Afro-American Art*, Oxford: Oxford university press, 1998, pp. 25, 39, 41.

6 Serge Gruzinski, *La pensée métisse*, Paris: Fayard, 1999 (영어판은 *The Mestizo Mind: The Intellectual Dynamics of Colonization and Globalization*, London: Routledge, 2002).

7 Thomas R. Metcalf, *An Imperial Vision: Indian Architecture and Britain's Raj*, London: Faber, 1989, pp. 73~74; Henri Terrasse, *Islam d'Espagne: une rencontre de l'Orient et de l'Occident*; William B. Fagg, *Afro-Portuguese Ivories*, London: Batchworth Press, 1959; Ezio Bassani, 'Gli oliphanti Afro-Portoghesi della Sierra

Leone', *Critica d'arte* 163, 1979, pp. 175~201.

8   Michael Sullivan, *The Meeting of Eastern and Western Art from the Sixteenth Century to the Present Day*, London: Thames & Hudson, 1973, 특히 pp. 63~64; James Cahill, *The Compelling Image: Nature and Style in Seventeenth-Century Chinese Painting*, Cambridge, MA: Harvard University Press, 1982, pp. 70~75, 91, 176.

9   Aby Warburg, *Gesammelte Schriften*, Leipzig: B. G. Teubner, 1932 (영어판은 *The Renewal of Pagan Antiquity*, Los Angeles: Getty Research Institute for the History of Art and the Humanities, 1999); Ernst H. Gombrich, *Art and Illusion: a Study in the Psychology of Pictorial Representation*, London: Phaidon, 1962 [차미례 옮김, 『예술과 환영: 회화적 재현의 심리학적 연구』, 열화당, 2003]; Richard L. Gregory, Eye and Brain: the Psychology of Seeing, London: Weidenfeld & Nicolson, 1966.

10 Charles Boxer, *Mary and Misogyny*, London: Duckworth, 1975; Serge Gruzinski, *La guerre des images*, Paris: Fayard, 1989 (영어판은 *Images at War: Mexico from Columbus to Blade Runner (1492~2019)*, Durham, NC: Duke University Press, 2001); David A. Brading, *Mexican Phoenix: Our Lady of Guadalupe*, Cambridge: Cambridge University Press, 2002.

11 Peter Burke, *The Fortunes of the Courtier: The European Reception of Castiglione's 'Cortegiano'*, Cambridge: Polity Press, 1995.

12 Ángel Rama, *Transculturación narrative en América Latina*, Mexico: Siglo Veintiuno Editores, 1982.

13 Rasheed El-Enany, *Naguib Mahfuz: The Pursuit of Meaning*, London: Routledge, 1993, pp. 17~18.

14 Chantal Zabus, *The African Palimpsest: Indigenization of Language in the West African Europhone Novel*, Amsterdam: Rodopi, 1991.

15 Thomas Brückner, 'Across the Borders: Orality Old and New in the African Novel', in Peter O. Stummer and Chritoper Balme

(eds.), *Fusion of Cultures*, Amsterdam and Atlanta: Rodopi, 1996, pp. 153~160; Emmanuel N. Obiechina, *An African Popular Literature*, Cambridge: Cambridge University press, 1973; Emmanuel N. Obiechina, *Culture, Tradition and Society in the West African Novel*, Cambridge: Cambridge University Press, 1975; Robert Mandrou, *De la culture populaire aux 17e et 18e siècles: la bibliothèque bleue de Troyes*, Paris: Stock, 1964; Júlio Caro Baroja, *Ensayo sobre la literature de cordel*, Madrid: Revista de Occidente, 1969.

16 Robert J. C. Young, *Postcolonialism: An Historical Introduction*, p. 338.

17 Roger Bastide, *Les religions africaines au Brésil*, Paris: Presses universitaires de France, 1960 (영어판은 *The African Religions of Brazil: Toward a Sociology of the Interpenetration of Civilizations*, Baltimore: Johns Hopkins University Press, 1978); Renato Ortiz, *A morte branca do feiticeiro negro: Umbanda*, Petropolis: Vozes, 1978; Diana DeG. Brown, *Umbanda: Religion and Politics in Urban Brazil*, Ann Arbor: UMI Research Press, 1986.

18 Melville J. Herskovits, 'African Gods and Catholic Saints in New World Negro Belief'; James T. Houk, *Spirits, Blood, and Drums: The Orisha Religion in Trinidad*, Philadelphia: Temple University Press, 1995.

19 Maria Laura Viveiros de Castro Cavalcanti, *O mundo invisível: cosmologia, sistema ritual e noção de pessoa no espiritismo*, Rio de Janeiro: Zahar Editores, 1983; David J. Hess, *Samba in the Night: Spiritism in Brazil*, New York: Columbia University Press, 1994.

20 Victor L. Oliver, *Caodai Spiritism*, Leiden: Brill, 1976.

21 Jean-François Bayart, *L'état en Afrique: la politique du ventre*, Paris: Persee, 1989.

22 드뷔시에 관해선 Mervyn Cooke, 'The East in the West', in Jonathan Bellman (ed.), *The Exotic in Western Music*, Boston: North-

eastern University Press, 1998, pp. 258~280. 루셀과 들라주에 관해선 Jann Pasler, 'Race, Orientalism and Distinction', in Georgina Born and David Hesmondhalgh (eds.), *Western Music and its Others*, pp. 86~118.

23   Jonathan Bellman, 'Indian Resonances in the British Invasion, 1965~1968', in Jonathan Bellman (ed.), *The Exotic in Western Music*, pp. 292~306.

24   Alejo Carpentier, *Music in Cuba*; Fernando Ortiz, *La música afrocubana*, Madrid: Ediciones Júcar, 1975, p. 25.

25   George Lipsitz, *Dangerous Cross-Roads: Popular Music, Postmodernism and the Poetics of Place*, London: Verso, 1994, pp. 14~15.

26   George Lipsitz, *Dangerous Cross-Roads*, pp. 4, 18.

27   Gilberto Freyre, *The Masters and the Slaves*, pp. 343~349.

28   Peter Burke, *Languages and Communities in Early Modern Europe*, Cambridge: Cambridge University Press, 2004, pp. 111~140.

29   Peter Burke, *Languages and Communities in Early Modern Europe*, pp. 129~130.

30   이 영화의 필름은 케임브리지 대학교 인류학과에서 보존하고 있다.

31   Alex Bellos, *Futebol: The Brazilian Way of Life*, London: Bloomsbury, 2002에서 인용.

32   라틴 축구 스타일에 관해서는 Eduardo Archetti, *Masculinities: Football, Polo and Tango in Argentina*.

33   Júlio Caro Baroja, *El carnaval, análisis histórico-cultural*, Madrid: Taurus, 1965.

34   Peter Burke, 'Carnical in Two Worlds', *Revista de Dialectología y Tradiciones Populares* 51, 1996, pp. 7~18. Peter Burke, *Varieties of Cultural History*, Cambridge: Polity Press, 1997에 재수록.

35   Maria Clementina Pereira Cunha, *Ecos da folia: uma história social do carnaval carioca entre 1880 e 1920*, São Paulo: Companhia das Letras, 2001.

36   Stefania Capone, *La quête de l'Afrique dans le candomblé*, Paris:

Karthala, 1999.
37 Linda Colley, *Captives*, London: J. Cape, 2002.
38 Edward Said, *Out of Place*; Ien Ang, *On Not Speaking Chinese*.
39 Maxine Hong Kingston, *The Woman Warrior*, New York: Knopf, 1976 [서숙 옮김, 『여전사』, 황금가지, 1998]; Gloria Anzaldúa, *Borderlands / La Frontera: The New Mestiza*, San Francisco: Aunt Lute, 1987.
40 Paul Gilroy, *The Black Atlantic*, Cambridge: Harvard University Press, 1993.
41 관련 연구들을 모아놓은 책으로는 Louise B. Tachot and Serge Gruzinski (eds.), *Passeurs culturels: mécanismes de métissage*, Paris: Presses universitaires de Marne-La-Vallée, 2002가 있다.
42 Natalie Z. Davis, *Women on the Margins: Three Seventeenth-Century Lives*, Cambridge, MA: Harvard University Press, 1995; Bartolomé Bennassar and Lucille Bennassar, *Les chrétiens d'Allah*, Paris: Perrin, 1989; Lucetta Scaraffia, *Rinnegati, per una storia dell'identitá occidentale*, Roma: Laterza, 1993.
43 Mercedes García-Arenal and Gerard Wiegers, *Entre el Islam y Occidente*, Madrid: Siglo XXI de España Editores, 1999 (영어판은 *A Man of Three Worlds: Samuel Pallache, a Moroccan Jew in Catholic and Protestant Europe*, Baltimore: Johns Hopkins University Press, 2003).
44 Amin Maalouf, *Léon l'Africain*, Paris: J. C. Lattès, 1986; Oumelbanine Zhiri, *L'Afrique au miroir de l'Europe: fortunes de Jean Léon l'Africain à la Renaissance*, Geneve: Droz, 1991. 또한 Natalie Z. Davis, *Trickster Travels: A Sixteenth-Century Muslim Between Worlds*, New York: Hill and Wang, 2006 [곽차섭 옮김, 『책략가의 여행: 여러 세계를 넘나든 한 16세기 무슬림의 삶』, 푸른역사, 2010]도 참조하라.

2 각양각색의 용어

1 이런 은유에 대한 몇 되지 않은 연구 중 하나로 Robert Baron, 'Amalgams and Mosaics, Syncretisms and Reinterpretations: Reading Herskovits and Contemporary Creolists for Metaphors of Creolization', in R. Baron and Ana C. Cara (eds.), 'Creolization', a special issue of *Journal of American Folklore* 116, 2003, pp. 88~115 가 있다.
2 Clifford Geertz, *Local Knowledge*, New York: Basic Books, 1983.
3 G. W. Pigman III, 'Versions of Imitation in the Renaissance', *Renaissance Quarterly* 33, 1890, pp. 1~32
4 Maria Lúcia Pallares-Burke, Nísia Floresta, *O Carapuceiro e outros ensaios de tradução cultural*, São Paulo: Editora HUCITEC, 1996.
5 Ann Moss, *Printed Commonplace-Books and the Structuring of Renaissance Thought*, Oxford: Clarendon Press, 1996, pp. 12, 15, 51 등등.
6 Werner Jaeger, *Early Christianity and Greek Paideia*, Cambridge MA: the Belknap press of Harvard University press, 1962; Henri de Lubac, *Exegèse médiévale*, Paris: Aubier, 1954~1964 (영어판은 *Medieval Exegesis: The Four Sense of Scripture*, 2 vols., Edinburgh: T & T Clark, 1998~2000).
7 Michel de Certeau, *L'invention du quotidien*, Paris: Gallimard, 1980 (영어판은 *The Practice of Everyday Life*, Berkeley: University of California Press, 1984); Paul Ricœur, 'Appropriation', in his *Hermeneutics and the Human Sciences*, ed. John B. Thompson, Cambridge: Cambridge University Press, 1983, pp. 182~193 [윤철호 옮김, 『해석학과 인문사회과학』, 서광사, 2003, 321~341쪽]. 또한 Peter Burke, 'The art of Re-Interpretation: Michel de Certeau', *Theoria* 100, 2002, pp. 27~37도 참조하라.
8 Michel de Certeau, *L'invention du quotidien*, p. 292.
9 Olivrio Girondo, 'Manifiesto de Martín Fierro', Carlos A.

Jàuregui, *Canibalia, Canibalismo, calibanismo, antropofagia cultural y consumo en América Latina*, La Habana: Casa de las Américas, 2005 (2nd edn, Madrid: Iberoamericana, 2008), p. 427n에서 인용.

10 Carlos A. Jàuregui, *Canibalia, Canibalismo, calibanismo, antropofagia cultural y consumo en América Latina*, pp. 393~460, 인용문은 pp. 431, 546.

11 Euclides da Chnha, *Os sertões*, 1902 (2 vols., São Paulo, 1983), pp. 140, 237, 249.

12 Fernand Braudel, *La Méditerranée et la monde méditerranéen à l'époque de Philippe II*, Paris: Colin, 1949 (영어판은 *The Mediterranean and the Mediterranean World*, 2 vols, London, Collins, 1972~1973); Edward Said, *Culture and Imperialism*, London: Chatto and Windus, 1993 [박홍규 옮김, 『문화와 제국주의』, 문예출판사, 2005].

13 예를 들면, Einar Haugen 'The Analysis of Linguistic Borrowing', *Language* 26, 1950, pp. 210~231 (영어본은 그의 책 *The Ecology of Language*, Stanford: Stanford University Press, 1972, pp. 70~109에 수록).

14 Alphonse Dupront, *L'acculturazione*, Torino: Giulio Einaudi, 1966.

15 Fernando Ortiz, 'El mutuo descubrimiento de dos mundos', 1943 (그의 책 *Etnia y sociedad*, La Habana: Editorial de Ciencias Sociales, 1993, pp. 21~27에 재수록).

16 Peter J. Hugill and D. Bruc Dickson, *The Transfer and Transformation of Ideas and Material Culture*, College Station: Texas A&M University Press, 1988. 또한 Michel Espagne and Michael Werner (eds.), *Transferts: Les relations interculturelles dans l'espace franco-allemand 18e et 19e siècles*, Paris: Editions Recherche sur les civilisations, 1988; Rebekka Habermas and Rebekka von Mallinckrodt (eds.), *Interkultureller Transfer und nationaler Eigensinn*, Göttingen: Wallstein, 2004도 참조하라.

17 Robert Muchembled (ed.), *Cultural Exchange in Early Modern Europe*, 4 vols., Cambridge: Cambridge University Press, 2007.

18 Aby Warburg, 'Austausch künstlerische Kultur zwischen Norden und Süden', 1905 (그의 책 *Gesammelte Schriften*, Leipzig: B. G. Teubner, 1932, pp. 179~184에 재수록).

19 Johannes Bettray, *Die Akkomodationsmethode des Matteo Ricci in China*, Roma: Apud Aedes Universitatis Gregorianae, 1955; David Mungello, *Curious Land: Jesuit Accommodation and the Origins of Sinology*, Stuttgart: F. Steiner, 1985 [이향만 옮김, 『진기한 나라, 중국』, 나남, 2009].

20 George Elison, *Deus Destroyed: The Image of Christianity in Early Modern Japan*, Cambridge MA: Harvard University Press, 1973, pp 54~84.

21 Pierre Dahmen, *Un jésuite brahme: Robert de Nobli*, Louvain, 1924.

22 Jaques Gernet, *Chine et christianisme: action et reaction*, Paris: Gallimard, 1982.

23 Louise M. Burkhart, *The Slippery Earth: Nahua-Christian Moral Dialogue in Sixteenth-Century Mexico*, Tucson: University of Arizona Press, 1989; Amos Megged, *Exporting the Reformation: Local Religion in Early Colonial Mexico*, Leiden: E. J. Brill, 1996, pp. 5~12.

24 Anselm Strauss, *Negotiations,* San Francisco: Jossey-Bass, 1978; P. M. Larson, 'Intellectual Engagements and Subaltern Hegemony in the Early History of Malagasy Christianity', *American Historical Review* 102, 1997, pp. 969~1002.

25 Anthony D. Buckley and Mary C. Kenney, *Negotiating Identity: Rhetoric, Metaphor and Social Drama in Northern Ireland*, Washington: Smithsonian Institution Press, 1995; Jeffrey Lesser, *Negotiating National Identity*, Durham: Duke University Press, 1999.

26 Anthony Pym, 'Negotiation Theory as an Approach to Transla-

tion History: An Inductive Lesson from 15th-Century Castille', in Yves Gambier (ed.), *Translation and Knowledge*, Turku: Grafia Oy, 1993, pp, 27~39; Umberto Eco, *Mouse of Rat? Translation as Negotiation*, London: Weidenfeld & Nicolson, 2003.

27 Serge Gruzinski, *La colonisation de l'imaginaire*, pp. 235, 280.
28 Peter Burke, *Languages and Communities in Early Modern Europe*.
29 Peter Bakker and Maarten Mous (eds.), *Mixed Languages*, Amsterdam: IFOTT, 1994.
30 Mario Carelli, *Carcamanos e comendadores: os italianos de São Paulo da realidade à ficção (1919~1930)*, São Paulo: Editora Atica, 1985, 특히 pp. 52~53, 103~122.
31 Robert Baron, 'Amalgams and Mosaics, Syncretisms and Reinterpretations: Reading Herskovits and Contemporary Creolists for Metaphors of Creolization'.
32 Michael Albrecht, *Eklektik: Eine Begriffsgeschichte mit Hinweisen auf die Philosophie- und Wissenschaftsgeschichte*, Stuttgart: Frommann-Holzboog, 1994.
33 Franz Cumont, *Oriental Religions in Roman Paganism*.
34 Ulrich Berner, *Der Synkretismus-Begriff*, Wiesbaden, 1982; Charles Stewart and Rosalind Shaw (eds.), *Syncretism/Anti-Syncretism*, London: Routledge, 1994.
35 Melville J. Herskovits, 'African Gods and Catholic Saints in New World Negro Belief'. 또한 Andrew Apter, 'Herskovits's Heritage', *Diaspora* 1, 1991, pp. 235~260도 참조하라.
36 Robert J. C. Young, *Colonial Desire*.
37 Peter Burke and Maria Lúcia Pallares-Burke, *Gilberto Freyre: Social Theory in the Tropics*, Oxford: Peter Lang, 2008, pp. 62~63; Roger Bastide, *Les religions africaines au Brésil*.
38 Marilyn G. Miller, *Rise and Fall of the Cosmic Race*.
39 Mikhail Bakhtin, *Voprosy literatury: estetiki*, Moskva: Khudozh. lit., 1975 (영어판은 *The Dialogic Imagination*, Austin: Universi-

ty of Texas Press, 1981, pp. 80~82, 358~359). 또한 Gary S. Morson and Caryl Emerson, *Mikhail Bakhtin: Creation of a Prosaics*, Stanford: Stanford University Press, 1990, 특히 pp. 139~145 [오문석, 차승기, 이진형 옮김, 『바흐친의 산문학』, 책세상, 2006]를 참조하라.

40 Edward Said, *Culture and Imperialism*, p. XXIX. 또한 Homi K. Bhabha, *The Location of Culture*, London: Routledge, 1994, pp. 112~115 [나병철 옮김, 『문화의 위치』, 소명출판, 2003]; Pnina Werbner and Tariq Modood (eds.), *Debating Cultural Hybridity*, London: Zed Books, 1997도 참조하라.

41 Homi K. Bhabha, *The Location of Culture*, 특히 pp. 111~118. 호미 바바에 관해서는 Bart Moore-Gilbert, *Postcolonial Theory*, London: Verso, 1997, pp.114~151을 참조하라.

42 Carl Wilhelm von Sydow, *Selected Papers on Folklore*, Copenhagen: Rosenkilde and Bagger, 1948, 11ff., 44ff.

43 Daniel Miller, 'Coca-Cola: A Black Sweet Drink from Trinidad', in Miller (ed.), *Material Cultures*, London, 1998, pp. 169~187.

44 James L. Watson (ed.), *Golden Arches East: McDonald's in East Asia*, Stanford: Stanford University Press, 1997; Jan Nederveen Pieterse, *Globalization and Culture*, Lanham: Rowman & Littlefield, 2004, pp. 49~52.

45 Roland Robertson, 'Globalization or Glocalization?', *Journal of International Communication* 1, 1994, pp. 33~52.

46 Charles Stewart and Rosalind Shaw (eds.), *Syncretism/Anti-Syncretism*; Sérgio F. Ferretti, *Repensando o sincretismo*, São Paulo: FAPEMA, 1995; Stephan Palmié, 'Against Syncretism: Africanizing and Cubanizing Discourses in North American Orisa Worship', in Richard Fardon (ed.), *Counterworks*, London: Routledge, 1995, pp. 73~104; Charles Stewart, 'Syncretism and its Synonyms: Reflections on Cultural Mixture', *Diacritics* 29, no.3, 1999, pp. 40~62.

47 Robert J. C. Young, *Colonial Desire*.

48 Edward E. Evans-Pritchard, *Social Anthropology*, London: Cohen & West, 1951, pp. 81~82. 또한 Thomas O. Beidelman (ed.), *The Translation of Cultures*, London: Tavistock, 1971; Talal Asad, 'The Concept of Cultural Translation', in James Clifford and George E. Marcus (eds.), *Writing Culture: The Poetics and Politics of Ethnography*, Berkeley: University of California Press, 1986, pp. 141~164 [이기우 옮김, 『문화를 쓴다』, 한국문화사, 2000]; Gísli Pálsson (ed.), *Beyond Boundaries: Understanding Translation and Anthropological Discourse*, Oxford: Berg, 1993; Sanford Budick and Wolfgang Iser (eds.), *The Translatability of Cultures*, Stanford: Stanford University Press, 1996도 참조하라.

49 Malcolm Crick, *Explorations in Language and Meaning: Towards a Semantic Anthropology*, London: Malaby Press, 1976, p. 164.

50 Maria Lúcia Pallares-Burke, *Nísia Floresta, O Carapuceiro e outros ensaios de tradução cultural*; Peter Burke and R. Po-chia Hsia (eds.), *Cultural Translation in Early Modern Europe*, Cambridge: Cambridge University Press, 2007.

51 George Steiner, *After Babel*, London: Oxford University Press, 1975, pp. 28, 47.

52 Ulrich Berner, *Untersuchungen zur Verwendung des Synkretismus-Begriffes*, Wiesbaden: Harrassowitz, 1982; James Clifford, *Person and Myth: Maurice Leenhardt in the Melanesian World*, Berkeley: University of California Press, 1982; Jan Assmann, 'The Translation of Gods', in Sanford Budick and Wolfgang Iser (eds.), *The Translatability of Cultures*.

53 Melville J. Herskovits, 'African Gods and Catholic Saints in New World Negro Belief'.

54 Mary Humter, 'The Alla Turca Style', in Jonathan Bellman (ed.), *The Exotic in Western Music*, pp.43~73.

55 Wenchao Li, *Die christliche China-Mission im 17. Jahrhundert: Verständnis, Unverständnis, Missverständnis*, Stuttgart: Franz Steiner, 2000.

56 Laura Bohanan, 'Shakespeare in the Bush', 1966 (David S. Kaston, ed., *Critical Essays on Shakespeare's Hamlet*, New York: G. K. Hall, 1995, pp. 9~18에 재수록).

57 Martin Lienhard, *La voz y su huella: escritura y conflicto étnico-social en América Latina, 1492~1988*.

58 Dell Hymes (ed.), *Pidginization and Creolization of Languages*, Cambridge: Cambridge University Press, 1971.

59 Peter Bakker and Maarten Mous (eds.), *Mixed Languages*. 또한 Sarah G. Thomason, *Language Contact*, Edinburgh: Edinburgh University Press, 2001, pp. 89~90, 125도 참조하라.

60 Lee Drummond, 'The Cultural Continuum', *Man* 15, 1980, pp. 352~374. 이 문제를 보는 몇몇 관점들에 대한 유익한 논의로 Charles Stewart (ed.), *Creolization: History, Ethnography, Theory*, Walnut Creek, CA: Left Coast Press, 2007을 참조하라.

61 Ulf Hannerz, 'The World in Creolization', *Africa* 57, 1987, pp. 546~559; Hannerz, 'Centre-Periphery, Creolization and Cosmopolitanism', in Eliezer Ben-Rafael and Yitzhak Sternberg (eds.), *Comparing Modernities: Pluralism versus Homogeneity*, Leiden: Brill, 2005, pp. 461~481. 이런 접근법에 대한 비판은 Jonathan Friedman, *Cultural Identity and Global Process*, London: Sage Publications, 1994에서 찾아볼 수 있다.

62 Charles Joyner, 'Creolization', in C. R. Wilson and W. Ferris (eds.), *Encyclopaedia of Southern Culture*, Chapel Hill: University of North Carolina Press, 1989, pp. 147~149; Ulf Hannerz, *Cultural Complexity*, New York: Columbia University Press, 1992, p. 264; David Buisseret and Steven G. Reinhardt (eds.), *Creolization in the Americas*, Arlington: Texas A & M University Press, 2000, pp.13~33; Robert Baron and Ana C. Cara (eds.), 'Creolization'.

63 José Luis Romero, *Latinoamérica: las ciudades y las ideas*, Buenos Aires: Siglo Veintiuno Editores, 1976 (2nd edn, 2001), pp. 119~172.

64 Peter Galison, *Image and Logic: A Material Culture of Microphys-*

        ics, Chicago: University of Chicago Press, 1997, p. 47. 이 획기적인 연구에 관심을 갖게 해준 케임브리지 대학교의 동료 리처드 드레이턴에게 감사를 전한다.

65   Dell Hymes (ed.), *Pidginization and Creolization of Languages*, pp.75~77.

66   Roger Bastide, *Les religions africaines au Brésil*, p. 365.

67   Roland Barthes, *Système de la mode*, Paris: Éitions du Seuil, 1967 [이화여자대학교 기호학연구소 옮김, 『모드의 체계』, 동문선, 1998]; Juri Lotman, 'The Poetics of Everyday Behaviour in Russian 18th-Century Culture', translated in Lotman and Boris Uspenskii, *Semiotics of Russian Culture*, Ithaca: Cornell University Press, 1977, pp. 631~656; Paul Ricœur, 'The Model of the Text: Meaningful Action Considered as a Text', *Social Research* 38, 1971, pp. 529~562. 또한 Doris Bachmann-Medick, *Kultur als Text: Die anthropologische Wende der Literaturwissenschaft*, Frankfurt: Fischer Taschenbuch Verlag, 1996도 참조하라.

3 각양각색의 상황

1   Lloyd Rudolph and Susanne Rudolph, *The Modernity of Tradition: Political Development in India*, Chicago: University of Chicago Press, 1967, p. 11.

2   Jacques Gernet, *Chine et christianisme: action et réaction*, Paris: Gallimard, 1982 (영어판은 *China and the Christian Impact: A Conflict of Cultures*, Cambridge: Cambridge University Press, 1985).

3   Nathan Wachtel, *La vision des vaincus*, Paris: Gallimard, 1971 (영어판은 *The Vision of the Vanquished: The Spanish Conquest of Peru through Indian Eyes, 1530~1570*, Hassocks: Harvester Press, 1977); Solange Alberro, *Les espagnols dans le Mexique co-*

lonial: histoire d'une acculturation, Paris: A. Colin, 1992.

4   D. C. Dorward, 'Ethnography and Administration: The Study of Anglo-Tiv "Working Misunderstanding"', *The Journal of African History* 15, 1974 pp. 457~477; Gwyn Prins, *The Hidden Hippopotamus: Reappraisal in African History*. 또한 Wyatt MacGaffey, 'Dialogues of the Deaf: Europeans on the Atlantic Coast of Africa', in Stuart Schwartz (ed.), *Implicit Understandings*, Cambridge: Cambridge university press, 1994, pp. 249~267도 참조하라.

5   Robert A. Voeks, *Sacred Leaves of Candomblé*, Austin, TX: University of Texas Press, 1997, p. 61.

6   Paul C. Johnson, *Secrets, Gossip and Gods: The Transformation of Brazilian Candomblé*, Oxford: Oxford University Press, 2002, p. 115.

7   Roger Bastide, 'Le principe de coupure et le comportement afrobrésilien', *Anasi xxxi congresso de americanistas* 1, 1954, pp. 493~503.

8   David Pollack, *The Fracture of Meaning: Japan's Synthesis of China from the Eighth through the Eighteenth Centuries*, Princeton: Princeton University Press, 1986.

9   Mary Louise Pratt, *Imperial Eyes: Travel Writing and Transculturation*, London: Routledge, 1992.

10 Peter Galison, *Image and Logic*, pp. 46, 803.

11 Clara García Ayluardo and Manuel Ramos Medina (eds.), *Ciudades mestizas*, Mexico City: Condumex, 2001.

12 Suketu Mehta, *Maximum City: Bombay Lost and Found*, London: Review, 2005, p. 499.

13 Halil İnalcık, *The Ottoman Empire 1300~1600*, London: Weidenfeld and Nicolson, 1973, pp. 106~202. 또한 Gernot Heiss and Grete Klingenstein (eds.), *Das Osmanische Reich und Europa, 1683 bis 1789: Konflikt, Entspannung, und Austausch*, Wien: Verlag für Geschichte und Politik, 1983.

14 Henri Terrasse, *Islam d'Espagne*; Henares Cuéllar and Rafael López Guzman, *Arquitectura mudéjar granadina*; Borrás Gualis, *El Islam : de Córdoba al mudéjar*; María Rosa Menocal, *The Ornament of the World*.
15 Eero K. Neuvonen, *Los arabismos del español en el siglo xiii*, Helsinki, 1941; Samuel M. Stern, *Hispano-Arabic Strophic Poetry*, Oxford: Clarendon Press, 1974; Luce López-Baralt, 'Crónica de la destrucción de un mundo: la literatura aljamiado-morisca', *Bulletin Hispanique* 82, 1980, pp. 16~58.
16 '상호문화' 개념에 관해서는 Anthony Pym, *Method in Translation History*, Manchester: St. Jerome, 1998, 177~192.
17 Edward P. Thompson, *The Making of the English Working Class*, London: V. Gollancz, 1963 [나종일 외 옮김, 『영국노동계급의 형성 상·하』, 창비, 2000]; Pierre Bourdieu, *La distinction*, Paris : Éditions de Minuit, 1979 (영어판은 *Distinction: A Social Critique of the Judgement of Taste*, London: Routledge & Kegan Paul, 1984) [최종철 옮김, 『구별짓기: 문화와 취향의 사회학 상·하』, 새물결, 1996].
18 Norbert Elias, *Studien über die Deutschen*, Frankfurt: Suhrkamp, 1989 (영어판은 *The Germans: Power Struggles and the Development of Habitus in the Nineteenth and Twentieth Centuries*, Cambridge : Polity Press, 1996; Ute Frevert, *Ehrenmänner: Das Duell in der bürgerlichen Gesellschaft*, Munchen: C. H. Beck, 1991.
19 Lynn Hunt, Politics, *Culture and Class in the French Revolution*, Berkeley: University of California Press, 1984; Ross McKibbin, *Classes and Cultures: England 1918~1951*, Oxford: Oxford University Press, 1998.

4 각양각색의 반응

1. Arturo Graf, *L'anglomania e l'influsso inglese in Italia nel secolo xviii*, Torino: E. Loescher, 1911; Gilberto Freyre, *Ingleses no Brasil; Michael Maurer, Aufklärung und Anglophilie in Deutschland*, Göttingen: Vandenhoeck & Ruprecht, 1987.
2. 이에 관한 간결하지만 명료한 비교적 관점은 Arnold J. Toynbee, *The World and the West*, London: Oxford University Press, 1953 에서 찾아볼 수 있다.
3. Maria Lúcia Pallares-Burke, *Nísia Floresta, O Carapuceiro e outros ensaios de tradução cultural.*
4. Gilberto Freyre, *Ordem e progresso*, Rio de Janeiro: J. Olympio, 1959 (개정판은 Rio de Janeiro, 2000), p. 786; Jeffrey D. Needell, *A Tropical Belle Epoque: Elite Culture and Society in Turn-of-the-Century Rio de Janeiro*, Cambridge: Cambridge University Press, 1987, pp. 166~171; Roberto Schwarz, 'As idéias fora do lugar', 1973(영어본은 'Misplaced Ideas: Literature and Society in Late Nineteenth-Century Brazil', in Roberto Schwarz, *Misplaced Ideas: Essays on Brazilian Culture*, London: Verso, 1992, pp. 19~32); Elías José Palti, 'The Problem of "Misplaced Ideas" Revisited', *Journal of the History of Ideas* 67, 2006, pp. 149~179.
5. David Nirenberg, *Communities of Violence: Persecution of Minorities in the Middle Age*, Princeton: Princeton University Press, 1996. 한편 메노칼(María Rosa Menocal)은 자신의 저서 *The Ornament of the World: How Muslims, Jews, and Christians Created a Culture of Tolerance in Medieval Spain*의 부제에서 '관용의 문화(a Culture of Tolerance)'라는 표현을 쓴다. 그녀는 그러한 충돌에 대해 잘 알고 있으면서도, 중세 스페인 지역의 관용적 측면에 대한 과대평가의 위험을 무릅쓰고 그런 구절을 사용하고 있다.
6. Fernand Braudel, *The Mediterranean and the Mediterranean World.*
7. Samuel Collins, *The Present State of Russia*, London: Newman,

1671, p. 67.

8   Sylvie Deswarte, *Il 'perfetto cortegiano' D. Miguel da Silva*, Roma: Bulzoni, 1989.

9   언어 정화에 관해서는 Peter Burke, *Languages and Communities in Early Modern Europe*, 6장을 참조하라.

10 Simon Ottenberg, 'Ibo Receptivity to Change', in William R. Bascom and Melville J. Herskovits (eds.), *Continuity and Change in African Cultures*, Chicago: University of Chicago Press, 1959, pp. 130~143; Harold K. Schneider, 'Pakot Resistance to Change', 같은 책, pp. 144~167.

11 Américo Castro, *The Structure of Spanish History*.

12 Donald Keene, *World Within Walls: Japanese Literature of the Pre-Modern Era, 1600~1867*, London: Secker and Warburg, 1976.

13 Francis Robinson, 'Islam and the Impact of Print in South Asia', in Nigel Crook (ed.), *The Transmission of Knowledge in South Asia*, Delhi: Oxford University Press, 1996, pp. 62~97.

14 Noel Perrin, *Giving up the Gun: Japan's Reversion to the Sword, 1543~1879*, Boston: D. R. Godine, 1979.

15 Simon Ottenberg, 'Ibo Receptivity to Change'; Harold K. Schneider, 'Pakot Resistance to Change'.

16 Anthony Cross, 'Russians on Foreigners', in Simon Franklin and Emma Widdis (eds.), *National Identity in Russian Culture*, Cambridge: Cambridge University Press, 2004, pp. 74~92 중 p. 83에서 인용.

17 Petr Chaadaev, *Major Works*, Notre Dame: University of Notre Dame Press, 1969, p. 32.

18 Euclides da Chnha, *Os sertões*, vol. I, pp. 140, 237, 249.

19 Simon Swain, *Hellenism and Empire: Language, Classicism, and Power in the Greek World, AD 70~250*, Oxford: Clarendon Press, 1996, pp. 1~64.

20 Henri Estienne, *Deux dialogues du nouveau langage françois*,

1578 (ed. Pauline M. Smith, Genève: Slatkine, 1980).
21 Peter von Polenz, 'Sprachpurismus und Nationalsozialismus', in Eberhard Lämmert (ed.), *Germanistik*, Frankfurt: Suhrkamp Verlag, 1967, pp. 113~165.
22 Serif Mardin, *The Genesis of Young Ottoman Thought*, Princeton: Princeton University Press, 1962, p. 115. 또한 Joseph R. Levenson, *Liang Ch'i-Ch'ao and the Mind of Modern China*, Cambridge MA: Harvard University Press, 1953도 참조하라.
23 Edward Seidensticker, *Low City, High City: Tokyo from Edo to the Earthquake, 1867~1923*, London: Allen Lane, 1983 [허호 옮김, 『도쿄이야기』, 이산, 1997].
24 Gilberto Freyre, *Ingleses no Brasil*, p. 189; Ronaldo Vainfas, A heresia dos índios, p. 158.
25 Claude Lévi-Strauss, *La pensée sauvage*, Paris: Plon, 1962 [안정남 옮김, 『야생의 사고』, 한길사, 1996].
26 John Irwin, 'Origins of the "Oriental Style" in English Decorative Art', *Burlington Magazine* 97, 1955, pp. 106~114.
27 Robert Finlay, 'The Pilgrim Art: The Culture of Porcelain in World History', *Journal of World History* 9, 1998, pp. 141~187 중 p. 177에서 인용.
28 Sergio Zoli, *la Cina e la cultura italiana dal '500 al '700*, Bologna: Pàtron, 1973; Madeleine Jarry, *Chinoiserie*, New York: Vendome Press, 1981.
29 Peter Burke, *The Fabrication of Louis XIV*, New Haven: Yale University Press, 1992.
30 Peter Burke, 'Learned Culture and Popular Culture in Renaissance Italy', in Maurice Aymard et al. (eds.), *Pauvres et riches: mélanges offerts à Bronisław Gremek*, Warszawa: Wydawnictwo Naukowe PWN, 1992.
31 S. Takashina (ed.), *Paris In Japan: The Japanese Encounter with European Painting*, Tokyo: Japan Foundation, 1987.
32 John Corbett, 'Experimental Oriental', in Georgina Born and

David Hesmondhalgh (eds.), *Western Music and its Others*, pp. 163~186; Arthur Groos, 'Return of the Native: Japan in Madama Butterfly / Madama Butterfly in Japan', *Cambridge Opera Journal* 1, 1989, pp. 167~194.

33   Reiko Tsukimura, 'A Comparison of Yeats' At the Hawk's Well and its Noh Version Taka no izumi', *Literature East and West* 11, 1967, pp. 385~397; Richard Taylor, *The Drama of W. B. Yeats: Irish Myth and the Japanese Nō*, New Haven: Yale University Press, 1976, pp. 111~120.

34   Bernard Lewis, 'From Babel to Dragomans', *Proceedings of the British Academy* 101, 1999, pp. 37~54.

35   Frances Karttunen, *Between Worlds: Interpreters, Guides and Survivors*, New Brunswick: Rutgers University Press, 1994, pp. 1~22, 114~135; Dejanirah Couto, 'The Role of Interpreters, or Linguas, in the Portuguese Empire in the Sixteenth Century', 2001, online, http://www.brown.edu/Departments/Portuguese_Brazilian_Studies/ejph/html/issue2/pdf/couto.pdf.

36   Peter Burke, 'The Renaissance Translator as Go-Between', in Werner von Koppenfels (ed.), *Renaissance Go-Betweens*, Berlin: Walter de Gruyter, 2005, pp. 18~31. 이중 의식에 관해서는 Paul Gilroy, *The Black Atlantic*을 참조하라.

37   John Tedeschi, 'Italian Reformers and the Diffusion of Renaissance Culture', *Sixteenth-Century Journal* 5, 1974, pp. 79~94; Frances Yates, *John Florio*, Cambridge: Cambridge University Press, 1934.

5 각양각색의 결과

1　Roger Bastide, 'Mémoire collective et sociologie du bricolage', *Année sociologique*, 1970, pp. 65~108.

2　Stefania Capone, *La quête de l'Afrique dans le candomblé*, Paris: Karthala, 1999; Sidney M. Greenfield, 'The Reinterpretation of Africa: Convergence and Syncretism in Brazilian candomblé', in Sidney M Greenfield and André Droogers (eds.), *Reinventing Religions: Syncretism and Transformation in Africa and the Americas*, Lanham: Rowman & Littlefield, 2001; Renato Ortiz, *A morte branca do feiticeiro negro: Umbanda*.

3　Edward Relph, *Place and Placelessness*, London : Pion, 1976; Joshua Meyrowitz, *No Sense of Place: The Impact of Electronic Media on Social Behavior*, New York: Oxford University Press, 1985; Marc Augé, *Non-lieux*, Paris: Seuil, 1992 (영어판은 *Non-Places: Introduction to an Anthropology of Supermodernity*, London: Verso, 1995).

4　Emily Apter, 'On Translation in a Global Market', *Public Culture* 13, 2001, pp. 1~12.

5　Ien Ang, *Watching Dallas: Soap Opera and the MelodramaticImagination*, London: Methuen, 1985; Tamar Liebes and Elihu Katz, *The Export of Meaning: Cross-Cultural Readings of 'Dallas'*, New York: Oxford University Press, 1990.

6　Daniel Miller, 'Coca-Cola: A Black Sweet Drink from Trinidad'.

7　Graham Aelred, *Zen Catholicism*, London: Collins, 1964; David M. Bader, *Zen Judaism*, New York: Harmony Books, 2002.

8　Robert Lafont, *La révolution régionaliste*, Paris: Gallimard, 1967.

9　Sigmund Freud, 'Das Tabu der Virginität', 1918 (영어판은 *Complete Psychological Works*, ed. James Strachey, vol. XI, 1957, pp. 191~208) [김정일 옮김, 「처녀성의 금기」, 『성욕에 관한 세 편의 에세이』, 열린책들, 2003, 237~261쪽].

10　Anton Blok, 'The Narcissism of Minor Differences', *European*

Journal of Social Theory 1, pp. 33~56.
11   Anthony Cohen, *The Symbolic Construction of Community*, Chichester: E. Horwood, 1985, p. 50.
12   Charles Ferguson, 'Diglossia', *Word* 15, 1959, pp. 325~340.
13   James Clifford, *Routes: Travel and Translation in the Late Twentieth Century*, Cambridge: Harvard University Press, 1997.
14   Arnold J. Toynbee, *A Study of History*, Vol. VIII, pp. 498~521.
15   Marshall Sahlins, *Historical Metaphors and Mythical Realities: Structure in the Early History of the Sandwich Islands Kingdom*, Ann Arbor: University of Michigan Press, 1981; Marshall Sahlins, *Islands of History*, Chicago: University of Chicago Press, 1985.
16   Ulf Hannerz, 'The World in Creolization'. 또한 Ulf Hannerz, *Cultural Complexity*도 참조하라.

찾아보기

30년 전쟁 46
「7인의 사무라이」 145

[ㄱ]
가구 30~31, 46
가노 호가이 144
가마, 미겔 도 사크라멘토 로페스 61, 122
가마, 바스쿠 다 90
가믈란 42
가미오, 마누엘 76
『조국 단조하기』 76
가톨릭 23~24, 32, 39~41, 48, 63, 91~92, 98, 104~107, 125, 127, 165
    선-가톨릭 14, 162
간디, 마하트마 39
간테, 페드로 데 31
갤리슨, 피터 111
거부 32, 115, 120, 128~129, 132
게오르기우스, 성 40, 91
겐로쿠 시대 128
격리 110, 154
결정화 170, 172
경계 13, 23, 53, 103, 110~111, 114~116, 125, 135, 149, 165, 168
계급 13, 48, 117~118, 122, 139
골즈워디, 존 36
    『포사이트 가의 이야기』 36
곰브리치, 에른스트 32
공통어 95
관련성 32~33, 43, 55, 96
관용 123, 128
관음보살 33, 42
『교양인』 34
교역 지대 111
구로사와 아키라 145
    「7인의 사무라이」 145
구이차르디니, 프란체스코 150
    『이탈리아 역사』 150
구획화의 원칙 107

찾아보기

『군주론』 150
『궁정론』 34
귀환 84, 145
균질화
    문화적 균질화 13
그라나다, 루이스 데 23
그레고리, 리처드 32
그레고리우스 1세 70~71
그레고리우스 9세 63
그뤼진스키, 세르주 31
그리스화 23, 161
글로컬라이제이션 84
금서 목록 127
기독교 21, 24~25, 31, 39, 53~54, 62~63,
    70~72, 77, 90, 105, 110, 114~115,
    123~124, 127~128, 136, 143
    교회일치적 기독교 23
    신 기독교인 149
기아, 도밍고스 다 48
기어츠, 클리퍼드 99

[ㄴ]
「나비 부인」 145
나치(나치즘) 133
난민 148
낭만주의 89
네그리, 프란체스코 150
노(能) 146
노비코프, 니콜라이 130
노빌리, 로베르토 데 71

『농담』 169
니에메예르, 오스카르 140

[ㄷ]
다성성 81
다원주의 107~108, 136
다이니치 71
다중적 혼종화 44
대화 72~73, 180~181
「댈러스」 160
데이비스, 나탈리 제먼 53
도교 41
도스토옙스키, 표도르 36, 81
도슨, 크리스토퍼 21
    『유럽의 형성』 21
도시마을 113
도시 모자이크 137
도자기 141
동인도회사 141
동화 31, 33, 67, 75, 113, 132, 137
두란, 디에고 74
두보이스 53
뒤범벅 74
뒤죽박죽 60, 74
드뷔시, 클로드 42
들라주, 모리스 42
등가 효과 34
디아스포라 22
『디아스포라들』 52

[ㄹ]
라 말린체(마리나, 도냐) 149
라마, 앙헬 34
라블레, 프랑수아 80
『라지푸트족 회화』 55
라퐁, 로베르 164
러스킨, 존 55
레게 14, 44~45
레비-스트로스, 클로드 7, 99, 125, 139
   야생의 사고 139
로렌스, D. H. 36
로마 목록 127
로메로, 호세 루이스 97~98
로욜라, 이그나티우스 104
로트만, 유리 99
로하스, 리카르도 80
루고네스, 레오폴드 80
루셀, 알베르 42
루슈디, 살만 12
르 코르뷔지에 140
르네상스 23, 30, 61, 63~64, 66, 77, 80, 113, 121, 125, 149~150
리바유, 이폴리트 레옹(카르덱, 알랭) 40~41
리치, 마테오 70~71, 90, 92, 104
리쾨르, 폴 63, 67, 99
린하르트, 고드프리 88

[ㅁ]
마네, 에두아르 144

마라노 123, 149
마르케스, 가브리엘 가르시아 35~36
마르티우스, 카를 폰 75
마리나, 도냐(라 말린체) 149
마리아, 성모 33, 40
마벌, 앤드루 24
마에스투, 라미로 데 79
마웨, 존 50
마카로니식 74~75
마키아벨리, 니콜로 150
   『군주론』 150
마푸즈, 나기브 36
   『카이로 삼부작』 36
마호메트 22, 41
만, 토마스 36
   『부덴브로크 가의 사람들』 36
말리노프스키, 브로니스와프 88
망명(망명자) 149~150
『매의 우물가에서』 146~148
맥도날드 162, 164, 82~83
   마하라자 맥 83
   맥도날드화 82
   맥브리토 83
   맥우에보 83
메디아 렝구아 74, 96
메르쿠리우스 91
메스티소 16, 80
   메스티소 도시 113
『메스티소 논리』 13
메트로폴리스 103, 110~112

멜빌, 허먼 36
모네, 클로드 144
모리스, 윌리엄 55
모리스코 123
모밀리아노, 아르날도 22
모방 30~31, 34, 45~46, 48~49, 60~63, 91, 117, 122, 126, 130, 140~142, 144
몽테뉴 127, 151
『무명 인사들로부터의 편지』 80
문화 교류 10, 16~17, 19, 23, 29~30, 39, 41, 58, 63, 68~69, 78, 94, 105, 110~112, 114~115, 117, 120, 123, 130, 143, 170~171
문화 번역 28, 36, 87~89, 92~94, 99~100
문화 변용 67, 81, 105
문화적 순환성 45
문화적 양층언어 95, 156, 167
문화 혼종성 10, 18, 28, 80, 169
문화 횡단 67
    서사적 문화 횡단 34
물라토 44, 48
뮈샹블레, 로베르 68
미국화 157
미란돌라, 조반니 피코 델라 77
미우징요 48
미카엘, 성 40
믹서 14
믹스-믹스 74
밀러, 다니엘 161

[ㅂ]
바나네리, 주오 75
바-로리올 법 134
바로크 30, 82
바르바라, 성 40, 78, 91
바르부르크, 아비 68
바르트, 롤랑 99
바바, 호미 15, 81
바스콘셀로스, 호세 16, 80
    『우주적 인종』 16
바스티드, 로제 79, 99, 107, 155
바실리오, 가이사리아의 62
바이델만, 토머스 89
바인파스, 호나우두 136
바흐친, 미하일 80~81
반(反)-전지구화 156, 163~165
발리우드 14
밤바라족 13
방그라 45
방해 107
배교자 53, 149
백인화 50~51
번역 24, 34, 37, 54, 59, 71, 73, 90~91, 106, 116, 117, 145, 149~151, 155, 158~159
    문화 번역 28, 36, 87~89, 92~94, 99~100
베가, 가르실라소 데 라 126
베르길리우스 61
베이컨, 프랜시스 64
    「학문에 관하여」 64

벨로주, 카에타누 65
변용 73
　문화 변용 67, 81, 105
보스칸, 후안 126
보아스, 프란츠 76
보해넌 로라 93
본질주의 13
『부덴브로크 가의 사람들』 36
부르디외, 피에르 31, 117
분리 12, 19, 107, 120, 135~139, 155, 168
불교 39, 41, 109
불레즈, 피에르 144~145
불평등/평등 62, 103~105, 167
브라질 축구 47~48
브라흐마 90
브로델, 페르낭 67, 163
브리콜라주 139
블록, 안톤 165
비(非)-장소 157
비너스 91
비슈누 90
비옥화 19

[ㅅ]
사고방식 17, 163
사라사 무명 141
사무라이 109, 129, 145
사생아 60, 78
사소한 차이의 나르시시즘 161, 165
사이드, 에드워드 7, 15, 53, 67, 81

사코쿠 110
산 로만 성당 29
산토 106
산토 도밍고 성당 30, 70
살레, 프랑수아 드 24
살린스, 마셜 170
살사 14, 44
삼바학교 49
삼위일체 90
상대주의 68, 91
상호문화 116
상호성 67
상호접근 99
상호조명 80
상호침투 19~20, 79, 106
샐러드 74
생태형 81
샹고 40, 78, 91, 106
샹카, 라비 43
서구화 121, 130, 135
서사적 문화 횡단 34
선-가톨릭 14, 162
선-유대교 14, 162
설탕 플랜테이션 20, 35
성사 71
세네카 62, 64
세르반테스 144
세르토, 미셸 드 63, 139
　『일상의 발명』 63
셰익스피어 144

찾아보기

『햄릿』 93
소화 64~65
쇄국 110, 127~128
    사코쿠 110
수렴 33, 43, 97~98, 103, 147
순수주의 22, 168
    언어 순수주의 66, 126, 132~133
순환성 45, 143~144, 147
    문화적 순환성 45
쉬도브, 칼 빌헬름 폰 81~82
슈워츠, 호베르투 122
슈타이너, 조지 89
스마일스, 새뮤얼 145
    『자조론』 145
스쿠폴리, 로렌조 24
스터지스, 존 145
    「황야의 7인」 145
스턴, 로렌스 35
스토파니, 조반니 니콜로 150
스튜 59
슬라브파 130~131
시나트라, 프랭크 43
시바 90
식인 풍습 64~65
「식인종 선언」 65
신 기독교인 149
신할리족 55
심령주의 40~41

[ㅇ]

아도니스 22
아르케티, 에두아르도 15
아리오스토, 루도비코 144
아브레우, 페르난다 43
아비투스 31
아스타르테 78, 91
아시스, 조아킹 마샤두 지 35
아시안 퓨전 76
아우구스티누스 62~64
아스만, 얀 90
아체베, 치누아 37, 136
아퀴나스, 토마스 63
아프로디테 78, 91
아프로-켈틱 록 14
아프로-포르투갈 31
아프리카인 레오(알 와잔, 하산) 54
안나, 성 40
안드라지, 오스왈드 지 65
    「식인종 선언」 65
안잘두아, 글로리아 53
안토니오니, 미켈란젤로 158
    「욕망」 158
    「자브리스키 포인트」 158
알 와잔, 하산(아프리카인 레오) 54
앙, 이엔 15, 53
앙셀, 장-루 13
    『메스티소 논리』 13
앤더슨, 페리 12
야생의 사고 139

『야자열매술꾼』 37
약탈 62~64
양층언어
    문화적 양층언어 95, 156, 167
언어 순수주의 66, 126, 132~133
에번스-프리처드, 에드워드 88~89
에스티엔, 앙리 66, 132
엔트루두 48, 50
엘리아스, 노르베르트 117, 171
『여전사』 53
『역사의 연구』 22
역혼종화 132
열대화 140
영국 숭배 121
영어식 프랑스어 132~133
예수 41
예수회 30, 35, 70~72, 82, 104
예이츠, 윌리엄 버틀러 146
    『매의 우물가에서』 146~148
옐름슬레우, 루이 99
오군 40, 91, 106
오니차 38
오독 92
오르티스, 페르난도 21, 25, 44, 67~68
오리게네스 62
오리샤 39, 106~107
오시리스 22
오역 92
오염 135, 168
오용 92

오인 92
오해 58, 88, 92, 94, 105, 112, 160
올란다, 푸란시스쿠 드 126
외국어로서의 영어 167
외래어 사냥 133
요루바족 50, 106, 150
    요루바어 37
요코미치 마리오 147
요한, 세례자 40
「욕망」 158
용광로 76~77, 157
『용광로』 77
용인 62, 71~72, 120~121
우나무노, 미겔 79
우나무노, 텔레스포로 아란사디 79
『우주적 인종』 16
움반다 39~41, 51, 155
웨슬리, 존 24
위고, 빅토르 41
유교 41, 71~72,
유대교 21, 29, 123, 128
『유럽의 형성』 21
융합 75~76, 138
이그보족 37, 126
    이그보어 38
이날즉, 할릴 115
이민 88, 170, 174
    이민자 45, 67, 75, 77, 103, 112~113,
    137~138, 149, 160, 168, 175~176
이스파노-모레스크 31

이슬람교 12, 21, 29~30, 39, 52, 54, 115, 123~124, 128
이어성 81
이에만자 40, 106
이종교배 79~80
이중 의식 53, 149
이중생활 136~137, 149, 167~168
이중언어 107, 137, 167
이질화 13, 158
이탈리아 숭배 121, 125
『이탈리아 역사』 150
이탈리아 혐오 125, 157
이하라 사이카쿠 128, 146
　　『일본영대장』 146
『인도의 장인』 55
인디언-기독교 31
인쇄 128~129
인종 청소 132, 164
일반 독일어 협회 132~133
　　『모국어』 132
『일본영대장』 146
『일상의 발명』 63
잉카콜라 83

[ㅈ]
자구아리피의 성스러움 24, 136
「자브리스키 포인트」 158
『자조론』 145
잔 다르크 41
잘못 배치된 생각 122

잡종 15, 60, 78
잡탕 74
장윌, 이스라엘 76
　　『용광로』 77
재사용 62~63, 139
재-정돈 170
재즈 14, 43~44, 76
저작권 19, 65
저항 24, 103, 120, 122~123, 125~130, 156, 163~165, 170
적응 18, 30, 37, 45, 81~82, 104, 109~120, 137~140, 142~143, 148, 163, 171
전유 61~63, 65, 67, 86, 92, 100, 103, 109, 114, 118, 124, 139, 143
전이 68
전지구화 11, 13~14, 22, 25, 48, 82, 84, 154, 156~157, 161, 163~165, 169, 171
접촉 지대 111, 136
정돈 170
　　재-정돈 170
정화 51, 120, 132~133,
제련 77
젠틸레, 시피오네 150
『조국 단조하기』 76
조빔, 안토니오 카를로스 43
조정 199
『주인과 노예』 20, 46, 166
중간언어 37
중국식 치편데일 31
『중세 신할리 예술』 55

지방 혁명 164
지역 소설 35~36
지역유형 81, 84, 171~172
지역화 84
지카마츠 몬자에몬 128
질, 질베르토 44

[ㅊ]
차다예프, 표트르 130
　『철학서한』 131
차용 7, 130~132, 135, 139
착오 91
챕북 38
『철학서한』 131
청년오스만당 135
청색문고 38
체브다 114
총포/총기 110, 128~129

[ㅋ]
카니발 48~50
카르데시즘 40
카르덱, 알랭(리바유, 이폴리트 레옹) 40
카르펜티에르, 알레호 21, 44
카스트로, 아메리코 21~22, 79, 127
카스틸리오네, 발다사레 34
　『궁정론』 34
카오다이 41
『카이로 삼부작』 36

카푸르, 스티브(아파치 인디언) 45
칸돔블레 39~41, 51, 106, 155
칸클리니, 네스토르 가르시아 7, 15, 168
칼릭스투스, 게오르그 77
커리 앤 칩스 14
커피 124, 190
　터키식 커피 124
컬트종교 39~41, 91, 106~107
케이지, 존 144
코드 변환 107
코라이스, 아다만티오스 66
코르델 문학 38
코르테스, 에르난 149
코스타, 루시우 140
코스터, 헨리 50
코언, 앤서니 165
코즈모폴리턴 116
코카콜라 82~83, 161
　코카콜라화 82
　코카콜라 효과 157
콘래드, 조셉 36
콘비벤시아 123
콜라 82~83, 161
　코카콜라화 82
　코카콜라 효과 157
　잉카콜라 83
　펩시콜라 83
콜럼버스 68
콜린스, 새뮤얼 125

쿠냐, 에우클리지스 다 66, 131
쿠리오네, 첼리오 세쿤도 150
쿠마라스와미, 아난다 55
    『라지푸트족 회화』 55
    『인도의 장인』 55
    『중세 신할리 예술』 55
쿡 선장 170
쿤데라, 밀란 159, 169
    『농담』 169
퀴몽, 프란츠 23, 77
크랄리에비치, 마르코 115
크레올 46, 59, 95~98, 100, 116, 160, 170, 172
    크레올어 46, 98,
    크레올화 59, 95~98, 100, 160, 170, 172
키리시탄 25
키케로 61, 70
킨, 도널드 128
킹스턴, 맥신 홍 53
    『여전사』 53

[ㅌ]
타가 수정 78
타소 150
    『해방된 예루살렘』 150
타케미츠 도루 144
탐무즈 22
터키식 커피 124
터키풍 양식(음악) 91

테클리오, 실베스트로 150
톈주 71
토난친 33
토마지우스, 크리스티안 126
토인비, 아널드 21~22, 169
    『역사의 연구』 22
토착문화 보호주의자 126
토트 78
톨스토이, 레프 36
톰슨, E. P. 117
투쟁 84, 114
투투올라, 아모스 37
    『야자열매술꾼』 37
「트로브리안드 크리켓」 47

[ㅍ]
파레, 니콜라 34
    『교양인』 34
파샤, 푸아드 135
파스칼 24
파코트족 127~128
판데이루, 작송 두 43
팔라시오, 비센테 리바 80
팰러시, 사무엘 54
팰림프세스트 36
펀자브 45
페넬롱 24
페놀로사, 어니스트 144
펠리페 2세 127
펩시콜라 83

평등/불평등 62, 103~105, 167
『포사이트 가의 이야기』 36
포용 60, 70~72, 74, 87, 90, 126
포크너, 윌리엄 35
표절 34, 65
푸치니 145
　「나비 부인」 145
폴라니족 13
퓨전 76
　아시안 퓨전 76
프랑스 숭배 121
프레베르트, 우테 118
프레이리, 질베르투 16, 20, 22, 46, 48, 76, 79, 136, 140
　『주인과 노예』 16, 46, 20
프로이트 164, 165
프로테스탄트 23, 39, 54, 77, 132, 137, 150, 155, 165
플라멩코 록 14, 43
플랜테이션
　설탕 플랜테이션 20, 35
플로리오, 존 150
플루타르크 77
피그미족 19
피진어 37, 95, 98

[ㅎ]
하디, 토머스 35
하시모토 가호 144
「학문에 관하여」 64

한네르, 울프 97, 171
할리우드 14, 158
합성 170
합의 77
항구 112
해리슨, 조지 43
『해방된 예루살렘』 150
『햄릿』 93
허버트, 조지 24
허스코비츠, 멜빌 20, 77~79, 98
헤구, 조제 링스 두 35
헤르메스 78, 91
헬레니즘 23, 77
협상 70, 72~73, 142, 161
혼종 12, 14, 16~17, 25, 28~29, 31~32, 34, 39, 42, 47, 50, 52, 54, 58, 81, 87, 102, 112, 115, 146, 150, 155, 171
　다중적 혼종화 44
　문화 혼종성 10, 18, 28, 80, 169
　역혼종화 132
　혼종 문화 15, 25, 102
　혼종성 12, 14, 16, 18~19, 20~21, 28~29, 36, 58~59, 74~75, 78, 80~81, 86~87, 94~95, 169
　혼종인 169
　혼종체 80
　혼종화 14, 17, 19, 10~22, 26, 28, 31~32, 39, 42~48, 72, 80, 100, 102~103, 108, 114, 141, 155, 157, 170~171

혼합 14, 16~17, 21, 24~25, 28, 37, 39~43,
 46~47, 53, 59, 72, 79, 86, 97~98,
 113~114, 116, 157, 169
 　혼합물 15, 74, 102
 　혼합주의 22~23, 41, 72, 77~78, 86,
 　90, 98, 107, 136
 　혼합체 14~15, 19, 24~25, 42, 44, 50,
 　72, 79, 156
혼혈 15, 65, 78~80
홀, 스튜어트 15
홉킨스, 제라드 맨리 36
화합 123~124
「황야의 7인」 145
히론도, 올리베리오 64
히아꼬 25
히에로니무스 62
힌두교 30, 39, 90, 109
힌두-사라센 31

문화 혼종성:
뒤섞이고 유통하는 문화를
이해하기 위한 가이드

처음 펴낸 날	2012년 5월 18일
2쇄 펴낸 날	2024년 6월 1일
지은이	피터 버크
옮긴이	강상우
펴낸이	주일우
편집	김현주 홍원기
디자인	김형재
제작·마케팅	김용운
펴낸곳	이음
등록번호	제313-2005-000137호
등록일자	2005년 6월 27일
주소	서울시 마포구 월드컵북로1길 52 3층
전화	(02) 3141-6126~7
팩스	(02) 3141-6128
전자우편	editor@eumbooks.com
ISBN	978-89-93166-53-8 03300
값	18,000원

* 이 도서의 국립중앙도서관 출판시도서목록(CIP)은 e-CIP홈페이지(http://www.nl.go.kr/ecip)와 국가자료공동목록시스템(http://www.nl.go.kr/kolisnet)에서 이용하실 수 있습니다.(CIP제어번호: CIP2012002127)